年34日だけの洋品店

大好きな町で
私らしく働く

Igata Keiko
井形慶子

集英社

年34日だけの洋品店

大好きな町で私らしく働く

井形慶子

はじめに

2015年の1月、私はわずかな貯金を元手に28歳で立ち上げた出版社の代表を辞任した。世間的にはまだ55歳と働き盛り。もったいない、まだ頑張れるのにという声も少なくなかった。けれど、辞めると決めて、すでに3年が経過。迷いはなかった。

人生の四半世紀、悪戦苦闘しつつも経営は順調。自ら編集長を務める英国情報誌「英国生活ミスター・パートナー」（以下英国情報誌）もイギリスを愛する多くの方々に支えられ、創刊30周年を控えていた。50代に入ってからは経営や編集業務の他に新聞コラムの連載、ほぼ2か月ごとに出る本の執筆、講演会、住宅やテレビ番組の審査員、評議員と、仕事の量が加速。そのサイクルにのって文字通り綱渡りの毎日だった。

そんなある日のことだ。広々とした会社を見た私は、はたと立ち止まった。たくさんの本棚、大きな会議用テーブル、ひしめく机の数に、我に返ったという方が正しい。いつかここを撤収する時、どれだけの労力がいるんだろう。その時、私が高齢者になっていたらやりきれるのか。今はすべてが順調でも、こんなペースがいつまで続くか分からない。

なぜか、そんな思いがムクムクと湧き起こった。

当時、内外合わせて300㎡近く、3つの事務所を借り、気が付けばオフィス機器や従業員の数も膨れ上がっていた。勤めて長い人も多く、常に彼らの行く末、定年退職後のことも頭にこびりついていた。

仕事を増やし、売り上げを出し、大きな経費を払う……。これはリスクの高い倍々ゲーム。少しでも行き詰まってしまえばひっくり返る。ならば横ばいであっても気心知れたスタッフと普通に働き、維持する方がどれだけ気が楽だろう。

さっそく、電卓と会計資料を抱えて喫茶店に飛び込み、何度も試算。そして、頂上から下りるなら今しかないと「縮小」を決めた。

その後、善は急げと会社のダウンサイジングに着手。社長机、応接セット、その他諸々のオフィス家具を、段階を経てどんどん捨て、物置と化していた倉庫を解約した。最終的には以前の4分の1ほどのこぢんまりしたビルに移転。家賃も手頃で目の前には公園が広がり、東西南北に開口部のある理想的な場所を見つけることができた。

普通に働き、誰が社長になっても会社が存続できる安全地帯に社員を移す。これを成し遂げ、社長としての責務を果たしたら、これまでの仕事にひと区切りつけよう。肩の荷を下ろしたら、地元で店を始めようと考え始めていた。

10代の頃から服が大好きな私は、英国に行くたびに見たこともない手仕事や服に出会い、夢中になった。そのほとんどは英国の小さな町で細々と作られている見たこともないデザイン。英国人が価値を置く、少量生産のコテージインダストリー（家内制手工業）と呼ばれるものだった。

アパレルや洋裁とは全く無縁な私だが、いわば藪の中から珍しいものを見つけ出すことは大好きで、いつかそんな服や雑貨を並べて、販売する店を持ちたいと考えていた。それはアルバイト時代も含め、19歳から36年間やってきた出版とは全く違う仕事だった。

しかも50代。果たして自分はできるだろうか。その時思い出したのが、長年見聞してきたイギリス人のセミリタイアだった。彼らは50歳前後でさっそうと現役を退き、好きな町に引っ越し、新しい人生に挑んでいた。仕事づくめの人生で家族や自分の時間を奪われてきた。今こそ生き方を変えたい、かといって１００％隠居もしない。一流企業の役員から学校の先生まで、田舎に引っ越したり、庭仕事を楽しむなど、家庭（暮らし）と仕事のバランスを引き直す。

「不安などない。間に合って良かった、自分は人生で二度と戻らない貴重な時間を葬り去るところだった」一体どれだけの人から聞いた言葉だろうか。私だって時間も欲しい、やりたいこともある。気持ちは前のめり。時間ができるとパソコンで店舗情報を検索した。


この間もイギリスに飛び、取材を続け、本を書き、雑誌を出しと、密かな夢に向かって着々と働き続けた。

無事に社長を辞め、働き方を変えて、東京・吉祥寺に英国の服と雑貨の店を出したのが56歳の時。会社が拡大するさまを見ながら方向転換を決めて5年近くが経っていた。世間的には決して早いとはいえない。それでも気力、活力はたっぷり残っている。滑り込みセーフ、心から安堵した。

そして改めて思った。10代の終わりからがむしゃらに働いてきた私にとって、肩の力を抜いて、好きな町で自由に働くことはこの上ない幸せだ。そのために考えたこと、手を尽くしたことを書いてみようと思った。

もくじ

1／これからの仕事は小さく好きなことを中心に

2／ストレスフルな高給取りより少額でも固定給の自由人がいい！

3／50代で始める小さな店作り

7／人生経験でこなす本格的接客仕事

8／店を始めて分かったこと

9／60代、好きなことでも未来は決めない

1／これからの仕事は小さく好きなことを中心に

昭和がいざなう店への憧れ

そもそも、なぜ出版畑で働いてきた自分が店にこだわるのか。下敷きとなる思いを少し書いてみたいと思う。

時間をさかのぼること50年以上前。つぎはぎの服が当たり前の、貧しさが残る昭和30年代のことだ。私の祖父は長崎の町中で金物屋を営み、子どもだった私はその二階に家族と共に住んでいた。

近所のおばさんたちが、当時は上物だったアルマイトの鍋ややかんを買いに来る様を、店をウロウロしては興味深く観察するのも日常だった。

昭和の小さな金物店に並んでいたものは、今にして思えば、今どきの雑貨店にしっくりくるものばかりだった。新しいほうきのホウキモロコシの匂い。アルマイトの弁当箱、サクラの木を削って作った洗濯板。12月の繁忙期は、新しい鍋を求める人で店はごった返した。

子どもの目に「売れる」「お金をもらう」「商品を包む」流れ作業は実に爽快で、店をチョロチョロするうちに、いつか自分も同じことをしてみたいと強く思った。

そこで私は小学校の入学祝いにと、親類縁者から山ほど贈られた新品の鉛筆やノートを、鍋をどかしてこっそり店頭に並べてみた。それも「3つで10円」と手書きの看板をこしらえて。その後、2階で遊んでいると祖父が血相を変えて飛んできた。

「お客さんが鉛筆をくれと来とるぞ」

私がすまして下りていくと、鉛筆とノートを持ったおばさんが「これちょうだい」と10円を差し出しているではないか。「え、本当に売れたんだ」と喜んだのも束の間、祖父が私の前に立ち、孫のいたずらだとその人に詫びた。

即行で看板も文房具も撤去されたが、あのおばさんの嬉しそうな顔は神様のように、新しい世界への扉を開いてくれた。

自分が選んだものを並べる楽しさ。それを気に入ってお金を払ってくれる人がこの世にいること。子どもだってものは売れるんだ。

一瞬の出来事だったが、あの原体験が私の中に種をまいたことは間違いない。


店に通う楽しさを知ったのもこの頃だった。小学生だった私は、毎日祖父がレジから渡してくれた小遣い10円を持って、近所の「しおや」に行った。通称「しおや」と呼ばれるのは、その店が駄菓子や子ども用のおもちゃ（ビー玉やメンコの類）と共に「塩」を売っていたからだ。塩はタバコと並んで専売免許が要る。小さい店には、主《あるじ》のプライドがみなぎっていた。

原爆で真っ黒に焼けた木造家屋。狭い「しおや」の玄関を入ると土間がある。主の婆さまは積み上げた駄菓子の奥から不機嫌な顔をして、買い物に来た私をいつもにらみつけていた。

ひも付きのあめ玉も欲しいけど、ソースせんべいも欲しい。10円玉を握りしめ、婆さまの視線を恐る恐るかわして、店に並んだ駄菓子やおもちゃを触ってみたりする。端から端まで見ることが楽しく、何を買うか決めるまでは時間がかかった。

ある日、いつものようにグズグズ駄菓子を選ぶ私に業を煮やした婆さまは「たった10円使うとに、いつまでかかるとか」と怒り出した。私は一人で行くことが恐ろしくなり、しまいには友達を誘って「しおや」に通った。怒られても、嫌がられても「しおや」以外、自分が行きたい場所はなかったのだ。

「しおや」は祖父の金物店と同じ匂いがした。いや、当時は町中に「しおや」に続く大好きな店がいくつもあった。

バラック建ての貸本屋もしかりだった。5円で「週刊少女フレンド」が借りられて、楳図かずおの『へび少女』の続きが読めた。店主のおじさんは、私が借りる漫画を覚えていてくれて、残り一冊になれば他の人が借りないよう隠しておいてくれた。夏には向かいの氷屋さんへ金だらいを持っていき、家族分の氷をかいて、蜜をかけてもらう。

小商いに囲まれた毎日はパラダイスだった。店主たちが親戚のように温かいとか、子ども思いだからとかではない。自宅の一部を切り開き、仕入れられるぎりぎりの物を並べて日銭を得る。働く大人のそんな姿はたまらなく頼もしく、見ているだけで幸せだった。

高校生で出会った作家の三浦綾子さんの本によって小商いへの愛は一層深まった。三浦綾子さんの『この土の器をも』(新潮文庫)という名著。恐れ多くも文庫にコメントを書かせていただいたバイブル的一冊だ。

長い闘病生活を乗り越え、30代で結婚した三浦綾子さんが夫と信仰に支えられ、新聞社の1000万円懸賞小説『氷点』で入選するまでを書いた自伝。私は、彼女が2階建て18坪の小さな住居に店を作るくだりを何度も読み返した。

商売が成り立つか分からない町外れの雑貨店で、味噌や豆腐や菓子やアイスキャンディを売る生活。訪れる人は、次第に店主の三浦さんに心を開き、相談を持ちかけ、店は繁盛していく。

敬けんなクリスチャンであるゆえ、そこにはキリスト教を伝える思いもあったのだろうか。

ともあれ小さな自宅の一階が雑貨店という夢に溢れた設定は、大人になっても私の中から消えることはなかった。

英国伝統の生地で作ったコートドレス

話はもどるが、私は学生時代からとにかく服は見るのも、買うのも大好きだった。だからどうしてもお店をやってみたい。その思いは消えることなく、50を過ぎたあたりから、ますます募っていった。

頻繁にイギリスに行くようになってからは、英国大衆スーパーの「マークス&スペンサー」や、名門「チャーチ」の靴まで、ロンドンの冬期セールで欲しいと思うものを次々と手に入れた。

従来、私は「安物買いの銭失い」タイプだ。値下げの上にVAT（日本の消費税にあたる）もかからないと、「ローラ アシュレイ」の花柄ワンピースやビジューで飾り立てた「トップショップ」のトップスまで、渡英のたびに買い込んだおかげで、クローゼットは爆発寸前。気が付けば靴からバッグまで、欲しいものはほとんど手に入れていた。

美しいもの、斬新なものへの欲求は終わりがなかった。

そうなると、私もご多分に漏れず、「欲しいものを買いに行く」のではなく、「買うものを探しに行く」ために町に出るという状況に陥った。

一方、イギリスで買いためたお買い得だったはずの既製品は、洗うとほつれたりと、日本のものに比べて縫製が粗いことも分かった。何回か着るとヨレヨレ街道まっしぐら。そんなことから、ロンドンで大好きな透け素材のワンピースを見ても、ボロが増えるだけと、思いとどまるようになった。

既製服の多くは素材も今一つだった。カッコいいスーツを見て、ウールかしらと品質表示を見るとポリエステルとある。ハイストリート系はこんなものかと、リバティ百貨店やセルフリッジズを回ってみても、デザインはカッコいいが、素材は似たり寄ったりだ。しかも多くの服は中国製。これなら日本で買っても変わらない。

私が着たい服はどこにあるんだろう。

「マックスマーラ」でもないし、「マーガレット・ハウエル」でもない。高級紳士服の老舗が並ぶサヴィル・ロウにあるようなメイド・イン・ブリテンの生地で作られた、伝統的でイギリスを感じるような服はないものか。

服を裏返し、素材を確認するにつれ、私の求める服は既製服にはない。ブランド名より服は素材なのだと思うようになった。

だから、西ヨークシャーのスレイスウェイトにある「マーリング&エヴァンス」の毛織物工場を訪れた時は心臓が破れそうだった。

かつては70社余りの織物工場があったというこの町の丘に登れば、産業革命期さながらの煙突の数々が見え、時代をさかのぼったような錯覚に陥る。

「マーリング&エヴァンス」の工場の壁面には「UPPER MILLS」と彫ってある。これは産業革命を推し進めるためウールやコットンの紡績工場を建設したという証明らしい。

18世紀のヨーロッパの紳士たちが、こぞって着用したというブロードクロス（広幅織物）を生産したこの工場では、「グッチ」や「バーバリー」などトップブランドが顧客に並ぶ。

それなのに作り手はたった10人の工員のみ。彼らが1か月で1万2000mの生地を織っているという。

工場内には高価な糸を無駄にせず、極細糸からウール、コットンはじめ、手つむぎ風の太い糸にも対応するドイツ製、ドルニエ織機が音を立てて稼働していた。最高品質のフランネルからキャバリーツイル、ウール&リネン、はては、ウール&シルク&コットンといった合い物まで、艶やかな生地がロールで積み上がっている。

デザインも英国ファッションに欠かせない伝統的なストライプネイビー。緑、青、赤、オレンジや、タータン風のチェックにパッチワークパターン。中にはシェットランドウールの白い糸を、町の職人が染めたというサファイア色のウールまであった。

何てきれいなんだろう。欲しかったのは、こういう生地で作られた服だ。

私は工場の専任テキスタイルデザイナー氏に頼みこんで、柔らかなラムズウールとふんわりコットンがリバーシブルになった濃紺の生地を、コート一着分売ってもらった。女性向けトラッドにちょうどいいピッチ（幅）の白ストライプだ。

デザイナー氏は「いい服ができるといいね」と、ブランドタグまでおまけにくれた。

これで私が欲しかった服を作ってもらおうと、胸は高鳴った。

とはいえ、パターンも引けなければ、縫製もできない私は、縫ってくれる人を探さねばならない。どうすればいいんだろう。

英国取材の拠点であり、50歳で手に入れたヴィクトリア時代の小さなフラットに構えたロンドンの自宅へ帰る途中、唯一思いついたのが、家の近所にあるハムステッドのスタジオで布帛（布による）製品を手掛けるデザイナーのMさんだった。

ヴィクトリア時代の服が好きというMさんの作る服は、ヴィクトリア&アルバート博物館の図書館で古い写真などからヒントを得た、アンティークのような趣があった。取材で知り合った縁で購入した、Mさんの黒いワンピースは私の宝物だったし、ぜひともお願いしたかった。けれどデザイナーとしてイギリスでも活躍する多忙なMさんが、私の夢物語に付き合ってくれるだろうか。

Mさんに生地を見せ、希望する服のデッサンを渡した。Mさんのパターンを元に、『高慢と偏見』や『ジェーン・エア』などヴィクトリア時代の映画からイメージしたコートとワンピースが合わさったようなデザイン。これを作ってほしいと頼むと、「イギリスの織物工場の良さを引き出せるかも。面白そうですね。やってみましょう」と、数か月後にサンプルを上げてくれた。

出来上がった服は想像以上上だった。

それはイギリスの古い洋品店に吊るされているようなコートドレス。映画で見た青い毛織物で作られた「ペリース」と呼ばれるコートそっくりで、前開きで小さなボタンが無数に付いている。ヨークの細かなギャザーが裾に向かって広がり、美しいAラインを作る。丸みのある襟は１８００年代半ばのコートさながらだった。

しかも、「マーリング＆エヴァンス」の伝統的なロゴもちゃんと縫い付けられていた。それは18世紀に、織物を荷馬車でヨーロッパへ出荷する前に梱包に彫り込まれた文様。恍惚となった私は「一生大切にします」と天にも昇る思いでMさんにお礼を言った。これが後に立ち上げる私のブランド「Everyman Everyman」の第一号。夢にまでみたオリジナルの服ができた瞬間だった。

これを日本で販売したら、どんなに喜ばれることだろう。出来上がったコートドレスを鏡の前で着たり、脱いだりを繰り返す私を見て「井形さんのブランドを作ったらいいのに」とMさんは言ってくれた。

その言葉を受け、喉まで出かかっていた「この服を売りたい」旨を伝えると、Mさんは了解してくれた。そのためのデザインや縫製を引き受けてくれると。

予想外のスピーディな展開に、頭上でファンファーレが鳴り響いた。

「マーリング&エヴァンス」のデザイナー氏にもその旨を報告、再訪を約束した。

これからは伝統的な英国のウール生地で理想の服ができる。しかもロンドンの地元、大好きなハムステッドで。

このコートドレスを日本で紹介したいという思いは、店を持ちたいという強い導火線へとなっていった。

人が集まる雑貨店

コートドレス完成後は、これをいつ、どんな風に紹介するのか、そのことばかり考えていた。

カフェや雑貨店に間借りしてもいい。アパートの一室でもガレージでもいいから、コートドレスを紹介できないか。

冷静に考えれば計画性もなく、それはお店屋さんごっこの延長だった。が、いずれ本格的に店舗を借りるのだという希望は、絶対にぶれなかった。

だが、現実には、これまで以上にイギリスへ向かう仕事が増えた。地球の反対側で取材や打ち合わせをこなし、ハムステッドにもどれば小さな自宅フラットの修繕など、多忙な日々はそれでも充実していた。著名人にも会ったし、マナーハウスでごちそうも食べた。

帰国すれば変わらず会社で働き、週末は吉祥寺の自宅で原稿を書いていた。当時は現役社長だったし、従業員の生活を背負ってわき目もふらず全力で走っていた。

そんな私が夢に浸れるのは、唯一、地元吉祥寺を散歩して店をのぞく時間だった。けたたましい家電量販店や、人の多い駅ビルが苦手な私は、吉祥寺の東急百貨店の裏通りや井の頭公園に続く七井橋通りなどの商店街を好んだ。そこには私が20代の頃から変わらず営業している洋品店や雑貨店があり、訪ねるだけで心が癒された。

ある時、商店街を歩いていたら、一軒の雑貨店が目に入った。こんな所に店があったっけと、小さな看板の付いたドアを開けると、店の奥に同じ年頃の女性が一人立っていた。こちらに気付くとその人は軽く会釈して話し始めた。

「昨日まで祖父の具合が悪くて実家に戻っていたんです。何だか久しぶりに故郷の風景を見たら、いろんなことを考えてしまいまして」

これまでたくさんの店を巡ったけれど、こんな挨拶は初めてだった。一瞬たじろいだが、店主は穏やかに話し続ける。すごい人だと思った。

やがて私もふるさとのことを話し、その時間はとても楽しく、心に染み入った。手ぶらで帰るのも気が引けたので、目についたオリーブ石けんを買った。

もしかして、男性が飲み屋へ出かけ、ママさんと話すために喜んでお金を使うのは、こういう会話に飢えているからなのかと思った。


その後はくもの糸に絡まれたようにその店の虜になり、マグカップやスカーフと、何かしらを買い続けた。店主のセンスも大好きだったし、宝石のように整然と並べられた色んなものに、その人の審美眼を感じた。買うことで、それら全てを味わい尽くしたい。これは初めての経験だった。

常連さんも多いその店では、私の前に入店していた女性が複数の商品を買い、3万円近く支払っていた。

「すごい人気ですね」と店主に言うと、「私はお店しかできませんから」と恥ずかしそうに返された。何と謙虚な人だろうか。

「Ｈａｎａｋｏ」や「散歩の達人」がけん引する激戦区の吉祥寺でしっかり固定客をつかみ、着実に商売を続けている。余計に何か買おうとすると「無理しないで下さい」と止めてくれる。

実はここで見たのと同じマグカップを、名の知れたチェーン雑貨店で見つけたことがあった。正直、つまらない普通のマグだった。あの店にあれば「作品」となり、ここでは単なる「商品」なのだ。

あの店主の息がかかったセレクトなら、たとえ１００均の大量生産品ですら特別なものに変わる。まやかしのようだが、小商いの深層に触れたような大きな気付きだった。

その店に足繁く通い詰めたことで、私は店を始めるに必要なたくさんのことを学んだ。

お客さんが３人も入るといっぱいになる小さな店内では、並べるものは少しだけ。仕入れたいものを見つけると、まず作り手に真剣な手紙を書くなど、買い物中の雑談から色んなことが分かってきた。

店主の服装はいつも白いシャツに白いジョガーパンツ。販売しているストールやネックレスを着けて一番映えるベーシックスタイルだ。服装だけでなく、インテリアも照明も白が基調。商品が一番きれいに見える。

いつしか私の日常は、仕事をするか、店を巡るかの二択となった。

最初は一軒だった目当ての店も少しずつ数が増え、あっちに寄ったらこっちの店と、吉祥寺の新春七福神巡りのごとく、西荻窪、吉祥寺、三鷹と半径1㎞圏内を歩き回った。

吉祥寺に店舗付き住宅まで造ったが

店巡りで気付いたのは、のぞいてすぐ出てしまう店は傾向が似ていることだった。そのほとんどはひなびた古民家風で、雑貨がメインだが、日本の作家さんが作った服や本も置いてある。服を衣《ころも》と呼んだり、器《うつわ》の横にはビーガンの菓子が並ぶ。それはロハスを貴ぶ現代の写し鏡のようだった。

素敵だなぁと手に取るも、よく見ればそれは雑誌でもお馴染みの品々だった。

パソコンに向かう割ぽう着のような服を着た女性は、一様に丁寧な暮らし系の本から抜け出た感じ。私ならもっと雑多な、生鮮食料品店のような店にするのになぁと、好き勝手にイメージを膨らませた。

コートドレスの一件から服や店への関心はヒートアップし、英国情報誌の編集テーマも、いきおい英国の工房や服を紹介する特集が増えた。

以心伝心なのか、2009年、阪急うめだ本店の「英国フェア」担当者から英国製品の販売をやってみないかと声がかかった。

不安もあったが、百貨店の催事で初めて売り場に立ち、編集部員と英国ウェールズの小さな工房で見つけた虹色のブランケットを販売した。それは悲願だった小商いの延長で、ブランケットはよく売れて、世の中にこんなに面白い仕事があるのかと思った。

すっかり調子づいた私は、いずれきっと自分は「しおや」の婆さんや、三浦綾子さんのように自宅を開き、小さな店をやるだろう。ならば、元気なうちに物件を手に入れなくてはと、吉祥寺の商店街の近くに小さな老朽家屋を見つけ出し、業者の皆さんと試行錯誤しながらリフォームで店舗付き住宅を造った。そのくだりは『よみがえれ！老朽家屋』（ちくま文庫）に収録されているのでここでは省く。

やることは山積みになっているのに、再び住宅ローンを背負って業者さんと工事に明け暮れた日々は、一瞬、小商いの夢に近づいたかに思われた。

だが完成直後、東日本大震災が起きた。首都圏でもその影響で印刷が滞り、紙が手配できないなど、出版業界も我が社もトラブルが続出。

どんなに頑張っても、今すぐ店を始めることは不可能だった。

結局、造り上げた店舗付き住宅は心優しい小商い家族に使ってもらうという本末転倒な結末となり、私は再びふりだしに戻った。

だが、この一連の出来事は後で考えてみれば、5年後に店を始める助走の始まりだった。

最初の一歩はブログから

会社は震災後再び安定し、その年は住宅リフォームについて書き下ろした本も話題を呼んだ。だが、借金を抱え、店舗まで造った老朽家屋で店を開業できなかった無念さは日ごと大きくなっていった。

そこで私は2011年の暮れ、二つのことを始めた。一つは現在も続くブログ。自分が見つけた服や雑貨を紹介する「よろず屋 Everyman Everyman から」だ。

すぐにお店を始めることはできないからこそ、仮想現実の店をブログの中に作ろう。それは15世紀、英国の道徳劇の主人Everymanが見守る街角に、時々現れる幻の店という設定だ。奇しくも、これが現在の店「吉祥寺よろず屋The Village Store」のコンセプトになった。

最初の書き出しは我ながら気に入っている。

「皆様、やっと念願のよろず屋を開く準備が始まりました。中世のロンドンに存在したような橋の上にある商店、あるいは市場の倉庫裏に眠っているようなかけがえのないもの、ずっと持っていたいと思っていただけるような良いものをご紹介します。緊張の船出ですが、よろしくお願いします」

短いけれど思い描く店の形を言葉にしてみた。これが意外にもたくさんの方の目に留まり、「待ってました」と温かい声援も頂戴した。

このブログを始めたのは、もう一つ理由があった。とにかく、もうどこでもいいから、そして一瞬でもいいから自分がかき集めた英国の服や雑貨を東京で販売してみたい。その思いはピークに達していたのだ。

こうなったら一度やるしかない。

短期間でにわかショップを作り、開設して撤収できる場所はないものか。あちこち探した結果、吉祥寺の外れの古いギャラリーに行き着いた。

吉祥寺の駅から徒歩15分はかかるそのギャラリーは、買い物帰りの地元の人がちょっと立ち寄っては催しを楽しむ庶民的アートの場でもあった。美大生にも人気があり、そこで店の真似事をするなど場違いではないかと心配したが、オーナーさんが快く受けてくれた。

そしてここを選んだのはもう一つ理由があった。

数年前、偶然立ち寄ったこのギャラリーで若いデザイナーさんの展示会が開かれていた。ヒラヒラとなびくオーガニックコットンのワンピースは創作的で、ヨーロッパのしゃれたリゾートウェアのようだった。じっと見ていると、「ほとんど売れちゃったから、おまけしますよ」とデザイナーさんに言われ、思い切って3着も買ってしまった。

その一着、ブルーのワンピースはロンドンの我が家に来てくれた『小さな恋のメロディ』のメロディ役、トレイシー・ハイドにプレゼントした。彼女は大層喜んでくれて帰宅後、とても気に入ったとメールまでくれた。

そんな幸せな思い出と、創造的な服を作る青年デザイナーの勢いに乗っかってみたいと思ったのだ。

一週間のイベント、「小さな英国展」と名付けたにわかショップの準備はスムーズに進んだ。

すでに書いたように2009年、阪急百貨店うめだ本店の英国フェアで、ウエールズで見つけたブランケットを紹介したところとても好評で、その後、毎年声がかかり、コッツウォルズの作家さんとコラボして作った手描きタイルや、湖水地方近くの村やスコットランドの島々で見つけたニットを販売した。家族経営の貴重な手仕事は初めて日本で紹介されるものばかりで、連日飛ぶように売れた。

次は東京だ。機は熟したとばかりに私は吉祥寺の「小さな英国展」を心から楽しみにしていた。

一週間の実験店舗

設営の日は、だだっ広いギャラリーに一瞬おののいたが、もしここが自分の店だったらと考えつつ、トルソーを置き、レイアウトを考え、たくさんのニットを天井から吊り下げた。

ギャラリーのレンタル料、運搬用のレンタカー代など、意外に経費がかかったが、ここは販売で巻き返し、黒字にせねばならない。

初日、表に掲げた英国旗に誘われてボチボチ人が集まってきた。私はといえば、イギリスの風景を切り取ったような色合いに溢れる店内をボーッと見ていた。

入ってこられた地元の主婦の方々は、買い物カゴをドンとその辺のテーブルに置いて、熱心にモヘアの靴下やセーターを見てくれた。

「この村で作られてるんですよ」と現地で撮影した写真を見せると、「ここ行ったことあります」などご自身のイギリスとのつながりを話し始める人も多かった。

吉祥寺に暮らす人は海外体験が豊富だと聞いてはいたが、ご主人の駐在で暮らしていた人、留学していた人。ギャラリーにいると、吉祥寺にはこんなにもイギリスつながりの人が多いのかと驚かされた。

そういう人たちはいったんイギリスの話で盛り上がると、次の日も、また次の日も来てくれた。娘さんやお友達を連れて、ギャラリーに来ては「この人たちイギリスの雑誌を作ってるんですってよ」と、私たちを紹介してくれる。その上「あなた、これ似合うわよ」と、私たちに代わって服をすすめてくれる。

人が人を呼ぶというが、こうしてお客さんに囲まれていると、突然、本気買いのお客さんが入ってこられる。ブログで下調べして来られたのか、ものの5分で選んだ服を試着室に持ち込み、スピード会計してくれる。

梱包に手間取り、「ブティックたたみ」もおぼつかない私たちにとっては、作業がスムーズに進み、正直とても助かった。


ところが、ギャラリーとあってか、中には自分の知識を披露したいだけの人も入ってくる。

お客さんが立て込んでいる時に、芥川龍之介ばりの年配の男性が入ってきた。本をじっと見ているので、いらっしゃいませと声をかけると、腕組みしたまま「あなたはケルト人戦士が、敵と戦うフォーメーションを知っているか」と聞いてきた。

「え？」正直、ババを引いてしまったと焦った。レジの前にはお客さんが並んでいる。私がまごまごしていると、「騎馬隊は横一列に並ぶのだが……」と、男性は咳払いしながら挑んできた。

「はぁ」と相づちを打ちつつ後ずさり。

私を待つお客さんも数人いたため、若い女性スタッフに相手を代わってもらった。が、彼女も「へー、そーなんですねー」と言いながら他のお客さんのもとへ。気が付くと最後はレジ担当の男性スタッフが、ケルト民族衰退の模様を延々聞かされている。レジは混乱し、待ちきれないと怒って帰るお客さんも出た。

後で知ったが、この男性は商店街に出没しては謎かけ論法で店主に絡み、接客の邪魔をする困ったちゃんらしい。だが、どうして、このタイミングでうちに来たのだろう。ともかく、スピードアップしてレジをさばく。売り上げを出さないと店の夢が遠のく。きっと私はものすごい形相だったに違いない。

一週間ギャラリーにいると、「売れた」「売れない」「お客さんが来た」「誰も来ない」と気をもむ時間が多くなり、それが次第に苦痛になってきた。

お客さんが喜んで買ってくれれば、一生分の運が転がり込んできたように自信がみなぎる。逆にけんもほろろが続くと、焦りが伝わるのか、入ってきたお客さんも「声をかけないで」のオーラを発し、あっという間に出ていってしまう。

読者の方に「ファンなんです」と握手を求められた自分が、声をかけただけで避けられる現実。

一日ギャラリーで立ち仕事をするうち足はむくみ、大した結果も出せないまま今日という日が終わるのではないかと、途方もない不安が押し寄せてきた。

結局、何とか売り上げ目標には届いたものの、百貨店の集客力と知名度に支えられた英国フェアとは比べものにならない。

夢と希望は吹っ飛んでしまい、現実を前にどうすべきか、立ち止まってしまった。

集客の工夫とイギリスの仕入れ先

ギャラリーでの小商い体験は新たな課題を残した。こちらの期待値が大き過ぎたのか。「開店前から人が並ぶ」「商品を鷲づかみにして買っていく」算段が外れたのだ。

どうしたらたくさんのお客さんに来店してもらえるのか——。集客をどうするのか。

それには告知が足りないのではないか。私はあらゆる手を尽くして「小さな英国展」

の存在を知ってもらおうと考えを巡らせた。

集客の見込めるゴールデンウイーク期間、再びギャラリーを押さえ、かつ英国情報誌を購読いただいている読者の方々に、1000円の割引券付き招待状を送ってみた。出展する服を撮影し、どんどんブログにアップしてみた。すでに店をされている方なら至極当たり前のことだと思うが、あのころは手当たり次第、何でもやってみるしかなかった。

この時期は試行錯誤の連続だった。

だが、その一方で商品のラインナップはどんどん増えていった。取材で出向いたイギリスの町や村で、警察の聞き込みのように珍しいものはないか聞いて回った。

こちらの気迫に押されたのか、どこにも紹介されていない工房、そして作家たちが人づてに続々と見つかった。彼らに取材したのち、日本で紹介したいとお願いしたところ、幸運にもほとんどのイギリス人が製作を引き受けてくれた。

特に2011年から2013年までの3年間は大漁で、店の定番となる服や雑貨の仕入れ先が固まった（一部抜粋）。
◎ヴィンテージ布のアップリケで古着を作り替えるリンダ・グレイ（イースト・ロン

ドン）
◎自ら羊を飼い、モヘアソックスを作るマリイ・ベル（湖水地方・バターデイル村）
◎18世紀よりブロードクロス（広幅織物）を生産する織物工場のデザイナー、マーク・ガレット（ヨークシャー）
◎英国最後の木靴工房「ウォークリー・クロッグス」（ヨークシャー）
◎ハーティーアーズ社の丸編み機によるインナー製造「ラックス・ラックス」（レスターシャー）
◎私のブランド「Everyman Everyman」のコートドレス（ロンドン・ハムステッド）
◎羊毛の渦巻きボタンニット、ソフィ・チャップリン（カンブリア・デント村）

これがバイヤーの仕事だとしたら、何て面白いんだろう。

私はさらに新しいものを探し出そうと意欲まんまん、スタッフの運転する車でスコットランドから北アイルランド、ウェールズの小さな町まで走り回った。

日本国内では一冊の本を手にして、その中に載っていたリネンワンピースの美しさに心奪われ、デザイナーさんに会いに富士吉田に走った。「オールドマンズテーラー」しむらさんご夫妻の工房は、パリの歴史あるホテルで見た鉄棚の古いエレベーターを建物内に取り付け、アパルトマンと呼ぶにふさわしい佇まいだった。

イギリスをこよなく愛するご夫妻とお話しさせていただき、「小さな英国展」での展示販売と取引を快諾いただいた。

こうして、自分が着たい、使いたい服や雑貨は、セレクトショップができるほど集まっていた。ブログに説明文を添えてアップしただけで、地方在住の方からも「買いたい」とメールも来るようになった。


ギャラリーを借りて冬とゴールデンウイーク、年に2回の「小さな英国展」を繰り返すうち、お客さんも増えていった。物探しも、交渉も、販売も、楽しくてたまらない。これなら店が開けるかもしれない。

自分は今55歳。厚生労働省による日本人女性の健康寿命73・6歳まであと18年と少々だ。この間、親の介護もやってくる。すると実質10年くらいが好きなことに挑戦できるラストチャンスだ。

そのためにも、自分の身辺整理に取りかかろうと思った。

2／ストレスフルな高給取りより少額でも固定給の自由人がいい！

基本はサポート、背負わない仕事改革

お店を始めるためにはもっと時間が必要だった。後継者も定まり、ブログを始めて4年目、代表を降りた私は、辞める仕事、続ける仕事を整理した。

面接など時間と責任を伴う人事からは一切退き、30年間続けたFM音楽番組のパーソナリティも一部の出演にとどめられるようにした。

これまでの流れから、どうしても辞められない仕事もあった。特集の企画を組み、レイアウトを考え、時にはインタビューも行う編集長の業務。著者としての書く仕事も続いていた。けれど経理や総務なども含めて、基本はサポートに徹する。これまでのように背負い込まない。

英国情報誌の発行についてもスタッフと何度も話し合いを重ね、思い切って根本的な形を見直すことにした。創刊30周年目前ではあったが、月刊ではなく2か月に一度の発行に切り替えた。こうすれば1年の半分、約6か月間は時間にゆとりが生まれるからだ。

スタッフと共にトーハン、日販など雑誌・書籍の取次会社に出向き、変更手続きを進めた。30年間、毎月出し続けた雑誌がそうでなくなることは、淋しくもあったし、気持ちの整理も必要だったが仕方ない。広げた風呂敷を畳むときなのだ。

毎月購読するのが楽しみだったのに残念だと、読者の方々からは惜しむ声もたくさん頂いた。

申し訳ない思いもあったが、会社を縮小したのち、やりたいことを始めたのは私だけではなかった。沖縄の実家に戻り、家業を手伝いながら時々飛行機に乗って出社する人、特派員となりイギリスに渡った人など、従業員のまま自由に働きたいという人も出てきた。

会社に在籍しつつ、自分のスタイルで働きたい思いは、彼らの中にもあったのだ。

いずれにせよ、仕事も生き方も切り替えのタイミングだったのだと、当時を振り返るたび思う。

私の毎日も変わった。編集業務は夕方までとして、よほど締め切りが迫ってない限りは、家で本を書いたり、部屋に積み上がった資料の整理など片付けに充てた。

長年、朝から深夜まで会社で過ごし、その後、打ち合わせを兼ねて閉店間際のファミレスで食事が当たり前の生活だった。夕方早々に帰れるとは、何てぜいたくなのかと、初めて経験するスローな日常に感動した。いきおい、流れる時間がゆるやかになり、一日がうんと長く感じられた。

忘れられないのは、平日の日中のことだ。家の近所を歩いて驚いた。これまで見たこともなかった風景が目の前に広がったからだ。

帰宅する子どもたち。移動販売の八百屋さん。住宅地なのにこんなに人通りがあったのかと、週末と夜の風景しか知らなかった私は、ただただ固唾《かたず》をのんだ。

もともと私は貧乏性であり、働くことは大好きだった。けれど、ある時期から全ての責任を放り出したいと思うようになった。決算対策から就業規則まで、見るべき書類は常時積み上がっていた。きっと仕事の物量が限界を超えていたのだろう。

ところがスケールを小さく、ゆったりにしただけで、仕事はこれまでにも増して面白くなっていった。

これなら60代に入っても働き続けられそうと、健全な意欲が戻っていた。

手探りで進みながら思った。50代の身辺整理は、仕事がうまく回転している時に自分の意志で行うことだ。その方がどんと構えられるし、納得のいく結果に収められる。考え過ぎてタイミングを外すことだけは避けたい。


この頃、私の周辺でも、50歳前後で退職する人がチラホラ出てきた。日本人もイギリス人のように早期リタイアして、残りの人生を楽しもうと考える人が増えたのかもしれない。そういう人たちはどちらかといえば責任ある役職に就き、頑張ってきた人に多いようだった。

面白いのは、その多くが「個人事業主になりたい」とか「地方へ移住」など、これまでとガラリと違う道へ進もうとしていることだった。

ところが、しばらく経って会ってみると、元の仕事に嘱託として戻ったり、再就職したりしている。嘱託、パート、契約社員と形を変えても、馴染んだ職場で働き続けるメリットは、精神的にも大きい。辞めてみて、古巣への愛着や必要とされる喜びを再認識したのだろうか。

考えてみれば、進む決意は自分の腹づもり一つだが、うまい戻り方は誰も教えてくれない。早期退職する場合は、引き返す道をどこかに残しておく方が賢明だと思う。

収入と支出の折り合いは？

お店を始めるため、次に考えるべきはお金のことだった。代表を辞めて嘱託（相談役）となり、当然収入は目減りした。それでも私の場合、収入より何をおいても自由に働きたい気持ちが強かった。

お金はいくらあっても邪魔にならないとは父の口グセだったが、そこそこの給与をもらえば、私より長時間働いている従業員に後ろめたさも感じる。

堂々としたいことをするために、何としてもそんな状況は作りたくなかった。

実は50代に入ってから私は、定期的に通帳や年金定期便をひっくり返し、電卓を叩いては、一体自分はいくらあればやっていけるのか、繰り返し算出していた。

老後の二文字も時折頭をかすめていたし。

一人娘は結婚し、住宅ローンも完済。毎日の生活は基本的に机に向かうことが多く、イギリス行きや地方への遠出もほとんどが仕事を兼ねたもの。ホリデーを満喫するのはもっと先のことだろうし、格安チケットで数日の里帰りができればいい。

手元のお金は地元でカフェに行ったり、友人や娘と会って食事をする時に使うくらい。

もともと節約志向ゆえ、自著のタイトルではないが、「月収20万円の暮らし方」でやっていけるかなと、算段も立っていた。

けれど、店を始めるとなれば、家賃など月々の固定費ものしかかってくる。何もしなければ安パイなのに、下手したら貯金を崩して赤字を補塡と、老後崩壊にすり替わっては本末転倒だ。

何か妙案はないものか。そろばんを弾きながら悶々と考えた。

50代で何かを始める前提は、それが好きなことか、やりたいことか。それをするにあたって、儲けよりも無理がないかどうかだ。商いだから当然苦労も伴うだろうが、生活も店も成り立つ、お金を生むしくみが長く続けていくには必要だ。

お金についてつらつら考えるうち、店の運営形態をどうしたらいいかという疑問に突き当たった。店は個人でやるのか、法人化するのか。私が一人でやるのか、スタッフと「小さな英国展」のようにやるのか。

自分の中でそこがはっきり定まってなかったのだ。

出店する場所は吉祥寺以外考えられなかった。

まず地元であり、商業地を歩き回り、町の様子が分かっていること。自宅から歩ける場所で働きたいという長年の夢も叶うこと。

そして「小さな英国展」ですでに顔馴染みとなったお客さんにも分かりやすいなどポジティブな理由は山ほどあった。

問題は人気の町だけに空き店舗が少なく、家賃や保証金がべらぼうに高いという点だ。よって、賃料の安い物件を何としても見つけないと、収支が合わなくなる。

そこにはもう一つ、気になる問題があった。

吉祥寺は私の地元でもある。プライベートな町が仕事の舞台となれば、うまくいっても、失敗しても、あるいは閉店しても、やはり気を遣う。

本音は好きなことをこっそりやりたい。祖父の金物屋でいたずらに鉛筆を売ったあの感動をもう一度味わいたかったのだ。

一人より社内独立っていいかも

悲喜こもごもの思いが交錯する中、阪急うめだ本店の英国フェアでは前年にも増して良い結果が出た。その年は会場のど真ん中の広いスペースを与えられ、プレッシャーもあったが、皆で頑張ったのだ。

「今年はいい場所に来た。よっぽど昨年の成績が良かったのね」と、大阪のお馴染みさんも喜んでくれた。だが、手放しで喜べなかったのは、その売り上げが常に私の仕事とリンクしていたことだ。

文庫や海外版も含めると、すでに100冊以上の本を出した。話題作が出た年は、よりお客さんが集まり、売れ行きも加速する。同じものが欲しいと、私の着用する服は完売する。

この原理でいけば、本を書かない、もしくはメディアに露出しなくなった段階で、売り上げは降下するだろう。

百貨店のチラシには顔写真が載り、お客さんが集まる仕掛けも組まれている。けれど、個人商店で、しかも一見《いちげん》さんが圧倒的に多い地元吉祥寺となれば、同じやり方が通じるはずもない。ともかく、個人の実績に頼らないと売れないような店なら、継続も難しい。

私はできる限り、素の状態で店を始めたかったのだ。

大阪から戻ると、予期せぬことが起きた。男性スタッフのTが、こちらの計画を読み取ったかのように「ギャラリーを借りるより、店を出す考えはないんですか。始めるなら自分も手伝いたい」と言い出したのだ。

編集部所属のTは、イギリスでも運転手兼カメラマンとして服やニット産業の現場を見てきた。百貨店の催事でも先頭に立っていたため、店を出してもやっていけると思ったらしい。

彼はボタンジャケットのデザイナーが名付ける色の名前を全て暗記していた。たとえば、渦巻きボタンがトレードマーク、ソフィさんのニットジャケットは、100色近い色糸の名前がある。くすんだ水色を「ペトレル」と言い、マガモのブルーは「マラード」ですと即答、舌を巻いた。イギリスで発掘したものへの愛着は誰より強く、頼りにもなった。Tなら店でも強力なサポーターになるはずだ。

また、この頃、お客さんからも、年に2回しか催事がなく、皆さんと会えないのは淋しい。店をやらないのかと言われた。

「私」ではなく「皆さん」と会いたい——と。

私の夢を面白がって、催事で一緒に売り子をやってくれたこのメンバーも、すでにお客さんのハートをつかんでいた。


そこで私は、新社長に吉祥寺で店をやりたいと思っていると思い切って打ち明けた。催事で好成績を出した後だったし、切り出しやすかった。

その際、編集スタッフがやりたいと言えば、社内独立の形で始めてもいいか、とも付け加えた。

資金のことやその際の勤務形態など、肝心なことは据え置きで、協力体制が取れるのかどうか、感触を量りたかったのだ。

もともと保険会社の支店長だった彼は、ファッションにはほとんど関心がなかったが、数字に強いタイプだ。新社長は、「吉祥寺ならすごい支度金が必要になるでしょうね」と、その一点を心配した。

資金を案じる社長と店の運営をどうするか悩む私。雲をつかむようなたられば話は、店舗がある程度定まってから考えましょうと、ひとまず打ち切りとなった。

店をやりたいと言ったTだけは、その後も自ら店舗情報をネットで探しメールを送ってきた。

特別な年金がもらえる？

50代で新しいハシゴを登ろうとする時、生活に必要なお金がいつ、どこから、いくら入るかは、つめておく必要がある。

話は少々さかのぼるが、社長を辞める1年前、54歳になった時のことだ。

お金のこと、店のカタチをつらつら模索していたところに思わぬ朗報が舞い込んだ。

これまで忙しさにかまけて綱渡りの日々を過ごしてきた私は、50代に入るまで老後の一助となる年金の定期便を放置していた。同い年の友人のもとには誕生月になると判を押したように届く定期便。それが私に届いてないと気付いた。

さすがの私も消えた年金騒動に巻き込まれたかと、焦って問い合わせた。ようよう届かなかったハガキを年金事務所から宅配で送ってもらい、事なきを得た。

そう思ったところが、翌年もまた定期便は届かない。

こんなことが続き、電話をかけるのも面倒と、50代に入り、年に一度、地元の年金事務所を自ら訪ね、窓口の相談担当者に目の前でパソコンを叩いてもらい、受け取り見込みの年金額を教えてもらっていた。

年一回の年金事務所通いで相談員と話し込んだ私は、気を許したのか「こんなに納めてきたのに、もらえる額はこれだけなんですね」とぼやいた。そして「早死にしても損のないよう、減額されても61歳から年金をもらおうかしら」

そう言って61歳と記載されている近くに載っていた、基本年金額を指した。

すると相談員はびっくりして「えっ、これをもらっても年金は下がりませんよ。これはあなたが正当にもらえる特別な年金ですから」と言うではないか。

従来の年金とは別に、もらえる年金があるなど知らなかった私はびっくりした。これまで何回もここに来たのに、どの相談員もそのことに言及しなかったし。

慌てて記載されたその金額を12か月で割ってみると、1か月10万円少々。それが65

歳まで振り込まれるというのだ。そんなことがあるのだろうか。

曰く、この特別支給の老齢厚生年金とは、昭和60年の法律改正によって不公平が生じないよう作られた制度で、女性の場合、昭和41年4月1日以前生まれ、男性なら昭和36年4月1日以前生まれの人のみが支給されるらしい。思わず手を叩いた。

固定収入10万円余りは、バリバリ現役の時よりはるかにありがたい。ましてやこれからは、新しいチャレンジが始まる。収入のやりくりを思案していたさなかだ。本格的な年金受給までをつなぐ想定外の収入は何と心強いことか。

ちなみに、この特別な老齢年金は、1年以上厚生年金をかけていれば受け取れるという。他の年金同様、申請しなければ受け取れず、時効は5年と聞き、胸をなで下ろした。

ともあれ、思わぬ副収入を得ることができたのも年金事務所に通いつめたおかげだった。嘱託社員としての収入と、いずれもらう特別年金の2つで足場を固め、「好きなことができる」環境が整いつつあった。

利益を追求するのではなく、中身にこだわる仕事を始めるためには、年金、保険、副業代など、低額でもいくつかの収入源のある方が不測の事態にも強い。たとえれば、1か所からの10万円より、5か所から2万円ずつもらう安定感がより大切になってきたのだ。

あやかり上手になる

私は自分を奮起させるべく、お店を始めた女性たちのフォトエッセイや実録を読んでみた。本によっては初期費用や経費などきっちり出してある。こんなにお金をかけて回収していけるとは、すごいなぁと感心した。

「おうちショップ」という言葉もすたれた感はあるが、可愛らしいキッチンでケーキを焼いてカフェを営む女性たちは、幸せオーラいっぱいだ。理解ある夫と愛する我が子、そして猫（なぜか猫が圧倒的）。子育て世代の初々しい起業は日なたの匂い。無印良品系の白いインテリアとも溶け合っているし。

今や働き方は変わったのだ。昭和の小商い、女性起業ブームも過去の話か。ビジネスはより小さく、ファジーになっている気がする。

私が大学生の頃は、学校出たらどこにお勤めですかと聞かれたが、今は個人事業主になる人も珍しくない。勤め人にならなくても、SNSも普及して、好きなことをしてお金を稼ぐことは当たり前になった。

ユーチューバー、ブロガーなど普通の人から芸能人までが自分で撮影した動画を上げ、意見を述べたり、芸を披露するだけでお金が稼げる時代だ。きちんと就職しないといけないとは誰も思わないし、勤めながら、オンラインショップで自作のものを売ったり、レンタルスペースで展示会をしたりと、10年前と比べても、好きなことで稼ぐ裾野はぐっと広くなったと言っていい。

選択肢も方法論も無限にあるし、年齢制限だってない。あらゆるパーツを組み合わせれば、誰でも何でもできるのだ。

私は店のカタチについて知人に意見を問うた。彼女はすでに手広くやっていたエステサロンを縮小して、ワンルームマンションで隠れ家サロンを始めていた。

親の介護や子どもたちのそばにもっといたいと、家で過ごす時間を増やし、かつ経営リスクを減らすため、自分一人で切り盛りできるようビジネスを縮小した。

私は彼女に、店を始めるにあたって、個人でなく会社を絡めたい。それはムシが良過ぎないか悩んでいると打ち明けた。

すると彼女は「いいんですよ、うまくあやかることです」ときっぱり言った。

曰く、今の時代はうまくあやかれる人の方が、したいことができるのだと――。

「たとえばクラウドファンディングなんか、自分の夢を発信して、不特定多数の人からお金を集めるわけですよ。これこそ、あやかって、リスクを削って、したいことをする典型じゃないですか」

不特定多数の人がインターネットから個人や団体に資金協力を行う。群集(crowd)と資金調達（funding）を合わせたクラウドファンディングは、世界的にも右肩上がりで、2022年までには取引総額が11兆円を突破するとの予測も出ている。

システムをよく知らない私は、クラファンは寄付のためのチャリティ組織だとばかり思っていた。

そういえば、パート勤めをしていた女性は、得意な編み物の工房を作る資金としてクラウドファンディングで100万円を募った。支援者に購入してもらう手編みのセーターは、あっという間に売り切れ、彼女は100万円という資金を調達した。

これも立派なあやかりなのだ。

「肝心なのは『三方良し』とすることですよ」と彼女は言った。

協力する新社長、お客さん、そして店を始めたい私と、皆がメリットを共有できればいいという。

そうか、と私は手を叩いた。「三方良し」とは何と合理的で公平な考え方だろう。それでいいんだ。

私と新社長は店をやりたいと申し出たスタッフTも交えて再び話し合った。

借りる店舗の保証金や内装代など初期費用は私、T、会社と三者が出し合うことにした。

多く見積もって保証金と内装代で400万円、一人130万円強の出費だ。これなら200万円をメドに店のために用意した貯金で賄える。

やり方は店の売り上げを会社に入れ、その中から家賃、光熱費、仕入れ代、店で働いた分の人件費を会社が支払う。社内独立ベンチャーというより、会社をあんこにした運営だ。

これらの経費を差し引き、利益が出たら会社と店で分ける。私としては年金程度もらえれば上出来だと考えた。そして万が一、店が赤字になれば三者が補填するという決めごとも加えた。だが、それはよほど何かあった時のこと。会社と同じくギリギリまで経費を削って小さく運営すれば、必ずやっていけるはずだ。

これなら会社にとってもメリットはあるし、こちらも頑張った分だけ見返りがある。会社契約のクレジットカードや外貨送金も引き続き使用できるなど、余計な手間もかからない。何より私からすれば保険のような安心感が得られるし、仕入れ先にとっても、会社と店がつながっていることは、信用になるに違いない。

新社長もこの条件なら問題ありませんと喜んでくれた。「単独」ではなく「三方良し」を考慮したこのカタチが、いくつかの仕事を兼業する自分の状況に一番合っている。気持ちはうんと楽になり、いよいよ私は本格的な店探しに乗り出した。

3／50代で始める小さな店作り

住みたい町・吉祥寺の店舗事情

1000万人以上の都市は世界で36しかないという。もちろん東京はその一つで、住みたい町の首位の座を奪われたものの、吉祥寺は依然上位3位内にランクインしている。

町中にはいたるところにベンチがあり、高齢者も子ども連れのファミリーも一日ゆっくり過ごせる。映画やドラマのロケでも登場頻度の高い井の頭公園からショッピングエリアまで、コンパクトにまとまっているから、遊びも、買い物も、食事もすべて歩いて満喫できる。

ちなみにこの町の百貨店は東急百貨店一つだけ。1970年代に開業した伊勢丹、近鉄などの百貨店が、賃料の高さや売り上げの低迷により次々と撤退したからだ。
それでも吉祥寺には世界各国のエスニック料理店やカフェ、老朽ビルの一室から文化を発信する古書店、地元で長年縫製されている洋服店など、じわじわと心を潤す人やモノの往来がある。

店舗貸し専門の不動産業者さんによると、その吉祥寺の商圏は渋谷や池袋に比べて極めて狭いという。その中でもお店を始めたい人が好むエリアは大まかに3つらしい。

①ダイヤ街、サンロードなどの保証金が億単位ともいわれるアーケード内。もしくは駅前の一坪ショップが並ぶハーモニカ横丁。家賃は一坪で50万超えもあり、破格。
②井の頭公園に続く丸井裏の七井橋通り。人の流れはあるが、通りは短く店舗は少ない。ジブリ美術館に続く吉祥寺通り周辺もしかり。
③東急裏と呼ばれるエリア。大正通り、昭和通り共に人通りがあるのは、東急から3分圏内の藤村女子学園まで。一番人気の中道通りなら、はらドーナッツやマーガレット・ハウエルカフェがある三鷹寄りの西端まで。3つの通りは閑静な住宅街と融合し、落ち着いた環境だが、1階路面店の空きは少ない。

このエリアに続くのがヤマダ電機裏の末広通り。駅から東側のゾーンだ。賃料は前述の3拠点に比べると安いが、人が行き交うのは駅の近くのみ。もともと通勤、通学路のため商売は難しいらしい。

同じく賃料が安いのが駅の東。ヨドバシカメラの裏手は「接待を伴う店」もチラホラ。歓楽街の色濃いエリア。OKストアくらいまでの五日市街道周辺も駅から遠く、初心者では相当ハードルが高いそう。


以上、業者さんのアドバイスが全てではないが、私のように服や雑貨の店をやりたい物販系がまず希望するのが③の東急裏らしい。

全国区の人気店が集中している上、ユニクロ、ZARA、GAPといったファストファッションブランドやスイーツ店、カフェ、レストランが点在し、ファミリー層から質にこだわる中高年まで、客層も幅広い。

私は、吉祥寺に家を持つ前の30代からこの東急裏エリアに足繁く通い、空き店舗を見つけると、好奇心から価格を尋ね、データを取り寄せたりしてきた。

保証金10か月はざらで、賃料は100万近いものも珍しくない。ずっと昔から手頃な価格で借りている人以外、商いをやって儲けを出すのは難しいといわれる。大手チェーンの出店が目立つのも、個人では資金力で太刀打ちできないからだ。

それでも「腐っても東急裏」と狙う人は後を絶たず、「空いたら教えてほしいと皆さん順番待ちをしている」と、どこの不動産屋も口を揃える。

ちなみに2020年から商売人を直撃した新型コロナウイルスの感染拡大によって、飲食、アパレルは大きな損害を被った。吉祥寺の店舗事情も変わってきたが、小さな店舗は依然引く手あまた、2021年5月現在、空きはないという。

さて、私が本格的に店探しを始めたのは、代表を退任する1か月ほど前の2014年暮れのことだ。毎年12月は取材を兼ねて長くイギリスに滞在してきた。だが、人生の大きな節目を前に、気持ちは落ち着かず、日本に留まることにした。

時間を持て余し、いつものように吉祥寺の商店街を歩いていたら、不動産屋のウインドウに空き店舗の情報が並んでいた。どれも今一つだったが、時間もあったので中に入ってみることにした。ここは前にも従業員の部屋探しで何度か訪ねたが、さすが地元の老舗だけに面白い物件が集まっている。

営業の人に東急裏でどこか撤退する予定の店はないか尋ねてみた。

すると、その人もご多分に漏れず「業種は?」「借りるのは個人ですか、法人ですか」と、質問を投げてきた。

私が一通り説明すると、お宅みたいな物販系の方がしょっ中訪ねてくるんですよ。何しろこの辺りは、市場に出る前に知り合い同士で話をつけてしまう。だから物件がない——と続けた。

こう言われるのもすっかり慣れていた私は、小さくても、駅から多少離れていても、店が持てたら最高なんですがねと、自分の夢をつらつら述べた。

すると営業さんは声を潜めて、まだ公開してないんだけど、ちょっとすごいところが出る予定なんですよ、その場所はこの店から歩いてすぐの……と、耳を疑うようなことを言った。

それはここが出たらいいのになぁと、ずっと私がマークしていた場所だった。

人気エリアの空き店舗

「外からだけ、ちょっと見てみますか」

私は飛び上がり、決して口外しないからお願いしますと、彼の後ろをついていった。

そのビルを見るなり、足が震えた。

駅からの距離はあるものの、近くに公園が広がり、隠れ家的なカフェ、雑貨店、ブティックが点在する理想の場所だ。懇意にしていた一軒家の洋品店も目と鼻の先にある。

ビルは古いが、階段を上がると路面より少し高く造られた階に何軒かの店舗が並び、広さも20㎡くらいと手頃だった。

しかも家賃は破格の10万円台。

心臓がバクバク、夢見心地の私に営業さんは言った。

「すごいとこでしょ。広告出したら大変なことになる。すでに何人もの人が手を挙げているが、この辺りは申し込み順じゃなく、いずれも大家さんがテナントさんを選ぶんですよ」

営業さんは興奮する私に、おたくの業種は問題ないので、申し込みたければ急いで下さいよと、必要書類を記したメモまでくれた。

別れた後、すぐに会社に電話をして、店をやりたいと言ってきたTに事情を話した。

彼はすぐ動きましょうという。

即行で営業さんに店舗の内見をお願いし、クリスマス明けにT、そして新社長と私で店の中を見せてもらった。

縦に長いその店は、思ったより手狭に感じた。けれど、店をやる人なら誰もが憧れる吉祥寺の超人気エリアだ。ここに鏡を置いて、試着室は……と想像するも、店内は大人4人が入ると息苦しかった。それは夜のせいだと思った。昼にもう一度見に来ればいい。

私は印鑑を押した申し込み書、その他の必要書類を営業さんに渡した。


帰路、アパレルとは無縁の新社長に意見を聞くと、意外にも「あれで10万円以上するんですか」と腹に一物あるような言い方だ。

こんなにいい場所なのに、新社長は吉祥寺の店舗事情が全く分からないのだと思った。シャッター商店街が急増する日本で、吉祥寺は別格なのだ。そしてこの店舗は得難いものだと地団駄踏んだ。

だが、Tもかなり冷静だった。これまで借りていた雑貨店が撤退する理由を気にしていたのだ。類似の業種であるが故に、なぜこんないい場所を出るのかという。

確かに、店内には残留物であるアメリカから取り寄せた雑貨が、段ボールにたくさん詰め込まれていた。

ここで売れなかったんだと、確かにそれは引っ掛かった。

元中華料理店、地下店舗、どれも違う

まもなく、申し込みを入れた店舗のオーナーさんから営業さんを通じて、うちに貸すことにしたと連絡が来た。5組の申し込みの中から選んでもらったと聞き、とても光栄だと思った。「三方良し」の原則で新社長を説得して、法人名で申し込んだことも良かったのかもしれない。

私は正月も、年が明けてからも朝、昼、夜と何度も現場に出向いた。何度も通ううち、スタイリッシュな店構えはいいのだが、両隣の店も心なしかひっそりした印象なのが気になった。駅周辺のにぎわいと比べちゃいけないと思いながらも腑に落ちない。前に借りていたオーナーは、オンライン販売に切り替えるから出るというが、家賃が払えなかったのではないか。

このまま契約することが不安になり、最後は上京した両親にも同行してもらった。両親は店をやるのかと、私以上に面白がってついてきたが、80代の父親が店舗に続く階段の最初でつまずいた。「この昇り降りが面倒ね」と、一瞬母がつぶやき、ぎくりとした。

この階段は看板も出せるし、トルソーも置けて使い勝手がいいと思っていたが、確かに高齢者にとっては気軽に入ってこれないかもしれない。これが飲食であれば雰囲気もあっていいのだろうが、物販となれば面倒だからまた今度にしようとスルーされるかも。駅周辺で買い物をした人が荷物を抱えてちょっと立ち寄る店は、段差のない路面店だ。

結局私はその店を辞退した。

営業さんからは、たくさんの中から選んでもらったのにと、かなりあきれられたが、最後の一歩が踏み出せなかった。

次の週には二番手だったアクセサリー屋さんが内装工事を始めた。家賃や保証金の安さを思うと苦渋の決断だった。逃がした魚は大きかったかもと落ち込んだ。そんなネガティブな気持ちを振り切るように、夜ごと再び店舗情報をパソコンで検索した。

次に見つけたのは吉祥寺駅から徒歩20分の重飲食にカテゴライズされる元中華料理店だった。隣の三鷹駅からも徒歩20分と足回りは相当悪いが、かろうじて商店街のしっぽにあり、1階店舗だったこと。何より家賃が20㎡で10万円少々、保証金が3か月分だったこともプラスポイントだった。

ところが、内見すれば油を使う元中華料理店とあって、店内はどこもかしこも油膜でギトギト。その上、前オーナーが設置したカウンターなどの造作物を50万円で買い取ることが条件と言われた。使わない造作物にお金を払い、撤去でまた費用がかかる。この油ギトギトを払拭するにはスケルトンリフォームしかない。内装費300万円使って、お客さんが来るかどうか分からない町外れに店を開くのは無謀過ぎた。

東急裏にこだわるのはいったんやめて、駅近で探したらどうかと考えてみた。懇意にしている不動産屋さんが、歓楽街も抱える駅の東側、ヨドバシ裏に面白い物件が出たと教えてくれた。

それはヴィンテージっぽいビルの地下1階で、広さは80㎡もあるのに賃料は20万円以下。ブロックガラスのはめ殺し窓からは光がこぼれ、ギャラリー系の店を作るにはうってつけかもしれないと思った。

だが、表に出れば近くに線路が走り、運送会社の車庫や倉庫もある。駅近とはいえ、スナック、居酒屋が密集し、買い物客の流れは見込めず、イメージも合わない。

とどめは、ぜんそく持ちのTがその地下室に入るなり激しくせき込んだことだ。入口のドア以外、開口部がないことを見落としていた。住居でも職場でも風の通り道を確保するのが信条の私にとって、ここで店を開くのは難しいと思った。


どれもこれも辞退した店舗に比べると見劣りする。階段付き店舗を見に行けば、二番手さんは北欧系のモダンな内装を完成させ、開店祝いのフラワースタンドと、お客さんに囲まれていた。

そうなると、ますます焦った。

最後は吉祥寺の中心部、大手ドラッグストアや携帯ショップがひしめくアーケードにあるビルの5階を見に行った。理由は「店舗OK」と書いてあったからだ。

ところが1階エレベーターの周りには、ド派手な賃貸情報が張り出され、その部屋以外はアパマン系賃貸不動産屋が借りていると知った。

問題の部屋は蛍光灯にカーペット敷きの床。腰高の窓を開けると隣のビルの室外機が見え、これは事務所以外の何物でもないと知った。

一体自分は何をしているのか。店探しは完全に暗礁に乗り上げた。


季節は秋となり、その年の「英国フェア」には東ロンドンからヴィンテージアップリケの名手、リンダ・グレイが相方と共に来日してくれた。

彼女たちの作るアップリケ・ワンピースにお客さんが群がった。突然ボリス・ジョンソンがBBCのカメラクルーと共に現れ、私たちの英国情報誌を手に、カメラに向かってPRまでしてくれた。またも売り上げは上々だったが、大手百貨店のパワーありきの結果ではないのか。

店を始めたいのに、現実には何ら進まない。気が付けば転身して1年が経とうとしていた。

まさかの夢の店を借りる

東京に戻ると、いつもの習性でパソコンの店舗情報を検索した。年末に近いし、大した情報もないだろうと思っていた。するとたくさんの情報の中から「人気の東急裏！」というキャッチが飛び込んできた。

出た。しかも駅4分とある。家賃は、階段店舗より少し高い程度だった。

どこだろうと慌てて地図を見ると、そこは人気商店街の一つ、昭和通りから少し入ったところ、娘とたびたび出かけた人気カフェの隣だった。そのカフェに行くたび、こんないい場所を借りられる人は、特別なコネでもあるんだろうかと考えた。

事実、その周りにある店は、どこも古き良き吉祥寺の面影をとどめ10年、20年、30年と地元に愛される実力店が多い。商売が根付くとすれば、こんな場所だろうと羨んだ〝一丁目一番地〟だった。

そこに空きが出たのだ。

すでに決まっているかもしれないと思いつつも、急いでメールを送ったところ、さっそく次の日に仲介不動産屋の女性から連絡があった。

現テナントの花屋さんはすでに移転先が決まっていて来月には空くという。邪魔にならないよう中を見てもいいと言われ、さっそくお邪魔した。

店はセンスの良い切り花に彩られ、アロマチックな花の香りに満ちていた。

奥の方はパーテーションで区切られていて、古びたパイン材の重厚なテーブルが置かれ、習い事スペースのようだった。天井から吊るされたドライフラワーの数々、モールディングが配された壁。花が引き立つようさり気ない装飾が施されていた。

転居前のセール中とあって、お客さんがひっきりなしに花やら雑貨やらを購入している。

これまで見たどの店舗より、店全体から花市場のような活気が湧き上がり、自分が借りたい店はここに違いないと思った。

この店の仲介担当の女性Yさんは、吉祥寺の話題店を次々と手掛けている人で、名前だけは知っていた。吉祥寺では名の通った不動産会社の管理職だった。

実は店探しに難航していた頃、買い物ついでの世間話という体で、あちこちの店に入っては、「ここはどこの不動産屋さんで見つけたのか、それとなく店主に教えてもらっていた。

いずれも雑誌で紹介される人気店だったが、ほとんどの店主の口からその女性の名前が出たのだった。

あるショップオーナーは、「もし吉祥寺で探すなら、あの人が担当するかどうかで店の運命が変わる」とまで言った。私はそういう考えもあるのかと聞き入ったが、自分には縁のない話だろうと流した。

奇しくも偶然現れた担当者Yさんがその女性だったこともあり、週を違えずTと共に不動産屋を訪ねた。

この店舗もすでに何組か手を挙げていた。他の物件と同様、オーナーさんが資料を見てテナントを決めるそうだ。

今回は本命とあって、面接に強いT個人が会社勤めをしながら店を借りる形をとり、慎重に事業計画書などを準備した。


そういえば、申し込み書を出した時にYさんにどんな店をやりたいのか問われ、スコットランドやイギリスの希少なクラフトやヴィンテージ服を販売したいと答えた。Yさんは頷きながら「私はこの東急裏エリアを、向こうみたいにしたくないんです」と言った。

「向こう」とは吉祥寺アーケード街のことだとすぐ分かった。

ディスカウント店、量販店など大手チェーン店がひしめくアーケードは、伊勢丹が撤退した2010年頃から大きく変わってしまった。個人商店が発する文化力や個性が町を面白くするなら、今の変貌ぶりは町の衰退につながるのではないか。同じように考えるYさんは、仲介業者の立場からテナントを選び、吉祥寺の防波堤になっているようだった。

私はYさんの言葉に激しく共感した。


1週間後、晴れてオーナーさんの承諾が下りたと連絡をもらった。私はついに確信を持った店を借りることができたのだ。

Yさんの会社で契約書を取り交わし、家賃10か月分を上回る保証金を納めた後、急に身がすくんだ。悪いクセだ。いよいよ始まるというのに。

Yさんはいつも以上にスピードアップして書類をまとめている。


一通りの手続きが終わると、店の内装をどうするかという話になった。ドアも壁も取り払われた店は、シャッターを開けると床とトイレと流しのみ、31㎡のがらんどうだった。

何となくイメージはあったけれど、借金が嫌い（怖い）な私は、会社を起こしてからずっとお金を借りたことがない。保証金が高かった分、Tの店貯金もオーバーし、こちらも予算を削らねばならない。内装にかけられる費用は70万円が上限だった。これまでのリフォーム経験があるにせよ、まだ業者さんも見つかってない。しかもオープンを、冬の「小さな英国展」が開催される1月上旬にしようと考えていた。

正月休みを挟むと、実質半月ほどしかない。

どうすればいいか困っていると、「お店を始める人はお金をかけられないから、DIYでやる人も多いんですよ」「英国風ならアンティークショップの『The Moon』さんがいい。私に紹介されたと言えば什器とか何とかしてくれるから」と、Yさんは知りうる限りの情報を話し始めた。

小商いの入口に立った私たちにとって、親身になってくれるYさんは、デビューしたてのインディーズバンドを引率する敏腕マネージャーのようでもあった。

「ああ、そうだ。いい人がいる。あの人なら動いてくれるはずだわ」と、Yさんは携帯を取り出すや「ちょっと急ぎの工事があって、今すぐ花屋さんがあった例の店舗に来られますか?」と、夜8時近いのに誰かを呼び出した。

私たちが店の前で待っていると、ほどなくして作業服姿の男性が現れた。

Yさんは、私たちが年明け早々に店を始めたいこと、予算もないことなどを、手短に伝えてくれた。

突然私たちと引き合わされたその人は、「えっ、それは……」とモゾモゾ何か言った。そんなことに動じないYさんは「何とかお願いしますよ」と肩を叩き、男性は「他の現場が……」と、独りごちながらも工事を引き受けてくれた。

聞けばその人は、Yさんの会社が管理する店舗や賃貸物件の工事をやってもらっている工務店の社長さんらしい。

改めて予算は70万円上限ですが……と伝えると、再びYさんは「大丈夫、何とかしてくれるから」と太鼓判を押し、あとはお互いで打ち合わせして下さいと去っていった。

それは契約してわずか1時間足らずのことだった。

ムダをそぎ落とした70万円の内装工事

1か月後の開店に向けてやることは山のようにあった。店を持つという夢は一夜明けて一気に現実のものとなり、私は何度も手帳を見た。

工務店の社長ノヤさんと週末現場で打ち合わせする前に、もらった図面と現場の写真を見ながら店のレイアウトを考える。

「70万円しかないなら、その範囲でやりましょう」と言ってくれたことが救いだったが、解約する時の原状回復を考えると、必要最小限の工事が妥当だった。

私はこの店をイギリスの小さな町や村にある地域のよろず屋のようにしたかった。日本のようにコンビニが発達していないイギリスには、ヴィレッジストア（village store）、またはコーナーショップ（corner shop）と呼ばれる地元に密着した商店がある。コッツウォルズの小さな町では、小さな郵便局がヴィレッジストアを兼ねていた。そこではポストカードから古書までを販売し、お茶やホームメイドケーキも味わえるカフェも併設されていた。入口には新鮮な卵や野菜が並び、ちょっと必要な食材も買うことができる。

スコットランドのヴィレッジストアでは牛乳、パン、ハム、野菜などコンビニ並みの食料品の他に、新聞、日用品、地元の人が作った人形やセーターまで販売していた。地域の人に愛され、必要とされるヴィレッジストアは、立ち寄るだけで一息つける場でもある。時には店主が集めた中古のおもちゃなど、あれやこれやが箱に放り込まれ、1ポンドから販売されている。

こんな光景は子どもの頃夢中になった「しおや」と結びつき、ちょっとセンチメンタルでもあり、わくわくさせられる。

私の店も中心になるのは英国の服だとしても、何が出てくるか分からない、古書やハーブ苗、洗剤など生活必需品まで扱うヴィレッジストアのコンセプトを取り入れたかった。

イギリスで見たヴィレッジストア。つまり何でも販売するよろず屋を作るため、お金をかけるべきはフロントデザインだった。販売する服や店内の様子が外からも見えるよう大きなウインドウを左右シンメトリーに設け、真ん中に古いドアを付けよう。細かい造作まで確認すべく、イギリスで撮りためた小さな店の写真をかき集め、ノヤさんに見てもらった。すると彼は、ホゾの入れ方などその場でフロントデザインのラフを書いてくれた。これでイギリスの伝統的な店舗様式を作り出せると嬉しくなった。左右に付けるはめ殺しのガラスを大きくするほど費用はかかるが、それでも予算内で収まりそうだった。

肝心のドアは、1950年代のイギリスの室内扉をネットで見つけた。約4万円というそのドアには、ブルズアイ（bullseye）と呼ばれる丸い渦巻きガラスがはめ込まれていた。

イギリスの古い建物のドアや窓にはこの渦巻きガラスが残されている。ガラスの製造技術が確立されていなかった中世、溶融ガラスの液体を型に流し、固める中で中心が弓の的のように丸く膨らんだガラスが生まれた。テクノロジーが追い付かず、平らなガラスが作れなかったおかげだ。それはイギリスのかけらであり、店を訪れる英国好きなお客さんにも懐かしんでもらえるだろう。さっそく九州のアンティークショップからそのドアを取り寄せた。

届いたドアの梱包資材は、長年お世話になった英国の運送会社のものだった。彼らが輸出したこのドアが店にやってきたのだ。それだけで天に祝福されたようだった。

ありがたいことに前テナントの花屋さんが床を天然木に、壁にはモールディングを施工していた。私たちはそれを活かし、ワックスやペンキ工事のみで全体を仕上げることにした。

蛇口のあった場所は小さなキッチンを希望した。ここでも予算を抑えるため、高額な既製品をやめて、ノヤさんがタイル張りのカウンターキッチンを4万円少々で作ってくれた。白いタイルにグレイの目地。カウンタートップも広く、こぢんまりした清潔な空間が出来上がった。

残るは照明だ。31㎡と小さい店は西側が通りに面した開口部で、東側に小さな窓がある。通りを隔て向かいにビルが建っているため、直射日光も当たらない。商品も日焼けしないし、夏の猛暑を考えても好都合だった。何より私が考えていた、ほのかに明るいライティングが実現できる。

地元のアンティーク店で見つけた手作りの小さな10ｗのペンダントライトがイメージにぴったりで、一つ６０００円也を左右の壁に沿って下げた。長さは65㎝と75㎝と高低差で動きを出した。

ノヤさんの電気工事に間に合うようにと、アンティーク店の店主さん自らが電器店に出向き、クリア電球もセットで納めてくれたのがありがたかった。

店のセンターにはブロカントな鉄製手作りの電気照明の傘を吊り、光量の足りないところはスポットライトで補強した。

またショウウインドウには、これも地元で見つけたわずか２０００円ほどの琥珀色のガラスランプを配した。ＣＭに登場しそうなグラスに注いだウイスキーのようだ。

全てを点灯した瞬間、それぞれの灯りの陰影が美しく、我を忘れて見とれてしまった。

ロンドンで作ったレニー文字のプレート

クリスマス直前、私はスコットランド・オークニー諸島へ飛び、島の主都カークウォール在住のニットデザイナー、アニーと、これから作るセーターのデザインや色を話し合った。

ロンドンに戻るや、すぐさま自宅近くのハムステッド横丁にある修理屋に走った。1980年から営業している気のいいおじさん、インド人店主が仕切るこの店は、カギ、靴修理の他、色んなデザインのハウスサイン（house signs）も作っている。家に名前をつけるイギリス人御用達で、店頭に並ぶプレートを選べば、文字を入れてくれるのだ。

コートドレス発祥の地であり、ハムステッドはイギリスの故郷だ。店のプレートはどうしてもここに頼みたかった。1万円以下という安さもさることながら、店主が「レニー文字」と呼ぶグニャグニャした懐古的なフォントをこの店で見て以来、この文字で真ちゅうの板に店名を入れることは叶えたいことの一つだった。

日本ではあまり見かけないこの文字は、マッキントッシュフォントと呼ばれ、スコットランドの建築家・画家であるチャールズ・レニー・マッキントッシュによってデザインされたものらしい。

余分な線や点で装飾され、アールヌーヴォーを思わせるフォルムは一度見たら忘れられない。大好きなスコットランド発祥であり、アーツ・アンド・クラフツ運動と深いつながりもある。

「The Village Store」という英語の店名が決まったのは、オークニーからハムステッドに戻る帰路のこと。この日の発注のため、ギリギリになって決定したのだった。

完成したプレートを出国前までに受け取りたいと頼むと、「クリスマス前だからなあ」と携帯を取り出したおじさんは、職人らしき相手にインドの言葉で「クリスマス休暇？ 頼むよ、そこを何とか」みたいなことを繰り返し、何とか寄り切った。おじさん曰く職人の家の近くまで取りに行くなら間に合わせてくれるという。私は何度も礼を言った。

クリスマス明け、ロンドンの冬期セールが始まるさなか、シェファーズ・ブッシュ駅でインド人の職人から直接受け取ったプレートは思った以上の出来だった。アールヌーヴォーなレニー文字で「The Village Store」と刻まれたそれは、ハムステッドと吉祥寺を、これまでの自分の人生とこれからの道のりをつなぐ、象徴のようだと思った。

会議テーブル、リンゴ箱　不用品でディスプレイ

工事はイギリスから帰国後の、正月明けより再び粛々と進行していった。

ノヤさんは簡単な工事ながらも何度も図面を描いてきては、私のデッサンと照らし合わせ、家具の配置やお客さんの動線を確認してくれた。店舗工事をやり慣れた人の、スケジュールと予算ありきの機敏な動きには本当に助けられた。

一番神経を使ったのがフロントデザインだった。イギリスの古い建物に見られるブラック&ホワイトの配色。油分を含んだてかりペンキを塗って黒光りした木枠に、渦巻きガラスがはめこまれたイギリスの古いガラスドアが見事にマッチした。

工事の合間に、地元の古道具屋などを回って、アンティークブローチなどを置くためのシンガーミシン、バッグ類を吊るすはしご、ケビントのガラス棚を購入した。すべて年季の入ったヴィンテージものだ。

特に医療用の棚として有名なケビントは、ガラス扉で中が見える上、実用性もあり、置くだけでシャビーな雰囲気が生まれるショップディスプレイの神器だ。

訪ねた古道具店でもケビントは、右から左に売れる人気商品と聞き、引き出し付きのものを奮発して7万円少々で購入した。

問題はそれ以外の陳列をどうするかだった。すでに工事の見積もりは追加など含め50万円を超えていた。購入した家具や照明など合わせると、これ以上の予算は使えない。

そこで会社で廃棄しようとしていた会議用テーブル2つを店に運び入れた。横長で折り畳み式のテーブルはコンパクトで、壁にくっつけて置けば場所も取らず小さな店にうってつけ。どこにでもある事務用家具、会議用テーブルも白い布をかけてしまえばしっくり店に馴染む。ここに靴下やお菓子、アンティークなど細かいものを並べるとお客さんも手に取りやすい。

センターテーブルは、会社で使用していた世界中で25台しかない、リッポン大聖堂のベンチを解体して作ったテーブルにすると決めていた。反りのないオーク材の天板と丸みがかった脚に、真ちゅうの認証プレートも付いている。会社をダウンサイジングした際、うちで預かっていたが、これも店に運び込んだ。

肝心のコートやワンピースを吊るすハンガーは、鉄製のおしゃれなものを探すも高価な上、場所も取りそうだ。どうすればいいかノヤさんに相談した。場所を取らず、おしゃれであり、たくさんの服が掛けられる什器。腕組みして考えるノヤさんは、「そうだ、吊るしましょう」と、何かひらめいたようで、車からあれこれ運んできた。

彼のアイデアは木製の手すり部材である丸棒の両脇にネジを入れ、上から吊るしたワイヤーに引っ掛ける揺れるコート掛けだ。服の重量に対する耐性を保ちつつ、人の顔にぶつからないように、より高い位置に設置すると、あらまあ見事。

ゆらゆら揺れるハンガー掛けが、ものの10分で完成。コートを目一杯掛けてもびくともしない。さすが店舗専門の工務店だと、機転の利いたアイデアに感心した。

レジ台は自宅の納戸に眠っていた大きな木製の勉強机を代用した。服を畳んだり、包んだりするのに大きな台が必要だったのでちょうど良かった。

間仕切りは目隠しも兼ね、三鷹の古道具店で見つけた高さが1m30㎝ほどある木製ラックを机にくっつけて置いてみた。古い靴箱を上下にひっくり返して作ったというその棚は、ポストカードや雑誌も平置きで並べられる。そのお店ではディスプレイ棚として使用されていたが、ありがたいことに現品を補修して売ってくれた。

レジ台周辺のディスプレイ台は、組み合わせ次第で自由にレイアウトできる木製のリンゴ箱を並べ、完成。

ほとんどのものは吉祥寺界隈でお手頃に集めたものだ。

31㎡の店は一番奥がレジ&備品置き場。センターのテーブルを挟んで、左手に会議用テーブル、チャリティ商品のコート掛けが並ぶ。反対は本棚、ケビントのガラス棚、ノヤさん手製の天井からぶら下げたハンガー吊るしと続き、センターテーブルを中心にぐるりと店を一周できるよう動線も確保した。

その上で、レジ台と売り場を分かつ位置にカーテンレールを取り付けてもらい、イギリスで購入したゴブラン織のリバーシブル布を、無印良品のフックを付けて吊った。端ミシンをかけてもらった布は引くだけで間仕切りとなる。実に経済的だ。

すでにタイルを貼って仕上げてもらったキッチンの入口も、同じゴブラン織の布でカーテンを吊った。こうすれば約半畳ほどのキッチンスペースが試着室に早変わりする。

試着室は当初店の隅にカーテンを吊り下げ、ここでと考えていたが、店内が狭くなる上、お客さんも落ち着かない。壁に囲まれたキッチン空間を活かすことで、全てうまくまとまった。

このゴブラン布は表が渋い黄金色。裏が真っ黒で英国王室の紋章さながらのクラシックな柄が織り込まれている。面積の広いカーテンなどは、生地がどっしりしている方が高見えする上、ダークな色はアラ隠しの天才でもある。

イギリスで安く手に入れたゴブラン布のおかげで、伝統的かつ、クラフト感溢れる店の印象は一層強まった。

こうして、捨てようとしていたものを活かし、布やペンキでコストを抑え、イギリスで見た小さな町のよろず屋が、70万円の予算内で、ついに完成したのだった。

4／無理なく、ずっと店を続ける工夫

出版の合間、2か月に一度の店開き

工事終了を目前に控え、やるべきことが押し寄せてきた。2日間だけのお披露目オープンに向けて、紙袋などの資材をネットで取り寄せ、小銭を仕分けるコインケース、つり銭トレイなど店に必要な備品をノートに書き出して揃えていった。

レジスターは使い慣れてない上、私が機械おんちとあってやめた。売り上げ管理はあくまでアナログ式。イギリスのアンティークショップのおばあちゃんが値札を見ながらノートに売り上げを書く、あれでいこうと決めた。

すでに「小さな英国展」でビザ、マスターのみ使えるクレジットカードを契約していたが、近所の洋品店さんが、さらに手数料の安い会社を紹介してくださり、そちらに変更。右も左も分からない私たちにとって、先輩店主の口利きは本当にありがたかった。

後回しになっていた店のロゴは、ハムステッドで発注したプレートのレニー文字を活かすことにした。

元デザイナーのスタッフがパソコンで書体を抜き出し、16世紀道徳劇の主人公Everymanの画像と合体。善行に向かうエブリマンとアールヌーヴォーを象徴するアートな文字が、未知なもの、カオスな世界観を醸し出し、10分程でよろず屋らしいロゴが完成した。正式な店名は「吉祥寺よろず屋 The Village Store」だが、長過ぎるため皆は「よろず屋」と呼んだ。

夕刻、家具の納品を手伝いに来てくれた従業員の一人が、完成した店を初めて見て「すげぇ、何だこれ、すげぇ」と絶叫した。改めて彼の横に立って眺めると、イギリスの片田舎にあるようなオレンジ色の灯りをともした外観は、幻の店さながらだった。

考えるべきはこの店をどういう頻度で開店するのかという、これからの運営計画だった。

毎年お正月には手帳の年間カレンダーを開いて、その年の大まかな仕事を割り振りするのが習慣だったが、英国情報誌の締め切りもあるし、書き下ろしの本も進行中だ。

今年からはそこに店の営業日も加わるとあって営業日の決定は難儀した。
締め切りをずらして、取材をこっちに……と、あれこれやってみて、恐るべき結果となった。
(1月) 2日間
(2月) 4日間
(3月) 4日間
(5月) 5日間
(6月〜7月) 6日間
(8月〜9月) 5日間
(10月) 4日間
(12月) 4日間
営業できるのはわずか年間34日間のみ。予測はしていたけれど、実際カレンダーに記してみるとほんのわずかだ。講演会やメディアの取材、毎年催行する英国ツアーなどを加えると、準備も含めてこれが精一杯だった。
お客さんにとっては、いつも開いている店の方が便利かもしれないが、仕方がない。

考え方によっては、期間限定だからこそ、わざわざ来店したいと思ってくれるかもしれない。その典型が英国フェアなどの催事だとすれば、店でありながらイベント的な要素を盛り込んだ方が、掛け持ちで仕事する私には合っているように思えた。

すでに借りる段階で不動産会社のYさんに、店は時々しか営業できない旨伝えておいたが、ほとんど2か月に一度のペースだ。

それをTが伝えると、いよいよ開店という段になって、大家さんが家賃を払えるのか心配しているとYさんから聞いた。Yさんは親切心で「もったいないから、使わない時は誰かと組んで展示会をやるとか、有効活用する方法を教える」というような話もされた。

年間34日間しか営業せずに成り立つのか、案じるのはもっともだ。これなら店など借りる必要などないのではとか、ネット通販をやればいいなど、友人・知人からもいろんな声が上がった。開店直後には商売をなめているといった同業者の声も聞こえてきた。

什器の移動を手伝いに来た青年は、通りがかったおばさまに小言を言われたらしい。その人は、吉祥寺はじめ、あちこちで店をやっているという。

「あなたたちは若いから良く分からないのね。あのね、店っていうのは毎日開いてないとダメなの。吉祥寺には吉祥寺のやり方があるの。それを教えてあげてもいいけど」

彼は目を丸くしていた。

それにしても、なぜ自分たちのやり方が、見ず知らずの人に咎められるのか。

私たちの変則的な営業・働き方を考える時、思い出す話がある。コンビニでは来店したお客さんに、できるだけ買い物カゴを取ってもらいたいらしい。その方が売り上げにつながるというのだ。なぜなら人は空っぽのカゴでは物足らず、カゴを埋めようと商品をいくつも入れるからだ。この「埋めたい」感覚はスケジュールにも通じる。一日頑張って5万円を売り上げるより、毎日働いて1万円ずつ稼ぐ方が仕事をしてる感があり、スケジュールも埋まる。

人はそこに価値を見出し、安心するというのだ。

確かに年34日では毎日営業している店に比べて、採算を合わせていくのも大変だろうし、下手すれば家賃のために働くようなものかもしれない。けれど究極的には収支が合えばいいことだ。

いくつかの仕事をしながらやりたいことを始めようとすれば、変則的にやる以外ない。体力的にももう、無理はしたくないし、極細ペンで過密なスケジュールを手帳に書き込み続けた、あの日々とは手を切ったのだ。

楽しんで働けるよう、ここはマイペースでいこうと腹をくくった。

売り上げ目標は背伸びしない方がうまくいく

大切なのは、この限られた営業時間で、いかにお客さんの心をつかむ商品を展示するか、買ってもらえる工夫ができるかだ。

さらに言えば、34日間で家賃その他の経費をクリアできる損益分岐点に到達しなければならない。

そこで売り上げ目標を考えてみた。

私はあらかじめ店を運営するにあたっての主たる経費を年間で計算しておいた。家賃、光熱費、雑費、仕入れなど、年間約600万円が最低必要となる。

この経費に催事も含めた年間売り上げ目標を上乗せした。

当然、これでは高額な仕入れや、人件費を考えるとプラスマイナスゼロだが、背伸びはやめた。売り上げ目標を高く設定すればプレッシャーにさいなまれる上、小商いを楽しめない。

好き、楽しい気持ちを持続させるためには、

①適量働くこと

②売り上げ目標を背負い込まないこと

③サポートに徹すること

④クリエイティブ中心

この4つを大切に店員として立ち働く方が、気持ち的にも自分を楽にできる。

支出は年単位で考えよう。まずは年始から3月までの3回の店開きで、最大経費の家賃1年分を捻出し、その後は少しずつプラスに転じるよう頑張ればいい。

「石橋を叩いて渡る」タイプの私は、出版社を起こした時も、売り上げ目標は採算割れしない程度のラインを設定してきた。どんな仕事でも何かをやる時は、達成することを旨とするからだ。

そのためにたとえば、原稿仕事も不測の事態を想定して締め切りの2週間前には仕上げる。催事などでも最初の5日間で目標売り上げをクリアするよう頑張ってきた。どんな仕事もギリギリまで引っ張っては、万が一うまく進まなかった時、対策が打てない。何より目標がクリアできた後は肩の荷も下り、より内容を吟味したり、さらにゆとりをもって売り上げを伸ばすこともできる。仕事にはずみがついて良い結果が出るのもこんな時だ。

こんな細々とした運営も、私が現役から少し外れた50代だから実現できたことかもしれない。家のローン、子どもの学費と、もし自分が現役ど真ん中であれば、好きなこととはいえ、シビアに稼ぐことが求められる。

どっしり構えていられるのも、全て片が付いた50代での遅いスタート、そして出版、会社といくつかの仕事があるおかげだ。

仕事より家族、暮らし優先の英国職人とものづくり

兼業で店をやるため、管理の手間はできる限り省こうと、メーカーさんや作家さん

から商品を預かる委託販売はせず、基本は全て買い切りで仕入れることにした。借りたり預かったりすれば、汚さないよう、破損しないようにと在庫管理に神経をすり減らす。
預からない、借りないは、日々の暮らしにおいても私の信条だった。本やＤＶＤをお貸ししましょうかと言われても、丁寧にお断りして、興味のあるものは自分で購入してきた。万が一失くしたらどうしようなど気苦労もセットになるからだ。

もう一つ、仕入れについては、既製品を発注するというより、何かを一緒に作っていく製作依頼型でいこうと思った。
というのも、扱う商品のほとんどはイギリスの小さな工房や個人の手仕事だ。自らイギリスに出向くこともあり、経費を引くと薄利であるが、世界中でここでしか買えない一点ものを販売したかったのだ。しかも、作家と約1年前からデザインや色など打合せをし、新しいものを作り出すクリエイションは心が躍る。

ニット類は毎年、年頭にデザイン画と共にcolorway（色彩設計）と呼ばれる毛糸を束ねたものが送られてくる。5〜10パターンほどのメインカラー（新色）と補色の組み合わせを台紙に貼り付けたものだ。それを見ながら約50〜100のパターンの色とデザインの案をこちらから提案する。

正直、毛糸だけを参考にニットやジャケット、全ての出来上がりをイメージするのは難しい。

いくつかのサンプル写真を参考に、「このチュニックはローズピンク、ふちどりをゴールド系。合わせるストールは……」と、パズルゲームをやりつつ、作業は深夜に及ぶ。また、デザインもお客さんの要望を踏まえて修正をかける。

提案書を全て作り上げるのに1週間。あとは賭ける気持ちで発注する。

私が提案したピスタチオグリーンと薄い紫を組み合わせた七分袖のニットジャケットは、幸運にも「very English countryside style」と、英国でも牧歌的なカントリースタイルを好む人たちに大変売れたそうだ。偶然立ち寄ったスコットランドの高級店に同じものがディスプレイされていた。嬉しくて写真まで撮った。

このような平台マシンで製作するニットや、渦巻きボタン付きジャケットは、製作工程が複雑なことから一筋縄ではいかない。

たとえばカンブリア地方デント村で作られるソフィさんの渦巻きボタン付きジャ

ケットは、本体のゆるく編んだニットを手洗いし、あえて縮ませ、圧縮ウールのような風合いを出す。プリーツやドレープなど、凝ったデザインを製作できるのは熟練職人だけ。技術力の高い高齢ニッター一人がリタイアするだけで、生産中止となるから怖い。

いざ製作にかかると、別の問題が出る。納期を過ぎても、ホリデーでスペインにいるからと、デザイナーたちは平気で1か月待ってと言ってくる。それは困ると、何度ASAP（as soon as possible／大至急）のメールを送ったかしれない。それもいったん休暇に入れば馬耳東風、連絡も取れなくなる。

家内制手工業的にものづくりをするイギリス人たちは、家族や自分の暮らしが第一優先。ホリデーに行けない。クリスマスは家族が大勢来ると、たくさんのオーダーを嫌う。どんなに頼んでも、お金よりプライベートを大切にしたいと、頑として譲らない。まず自分の生活ありきで、それを壊さない範囲で仕事を引き受けるが鉄則なのだ。

その上、副業で自給自足のためのオーガニックファームをやったり、どこかに教えに出かけたりと、ほとんどの人がいくつかの仕事を組み合わせて自由に働いている。

ライフスタイルを重視するのは田舎に暮らすクリエイターばかりでない。ロンドンの自宅アトリエで舞台衣裳のようなクラシカルな服を製作する「スージー・ハーパー」のデザイナー、ミッシェルは、家にネズミが出たから屋根を壊す。だから服が作れないと言ってきた。築100年のレンガ造りタウンハウスに暮らしているゆえ仕方ないことと、ネズミ退治が終わるまで半年間も納品を待った。

店に入ってくる商品は、ホリデーや古い建物の補修といったイギリス的諸事情が絡まり、相当ゆとりを持って手配しないと、どんでん返しをくらう。

ワーク系カジュアルで、イギリスで幅広い年齢層のファンを持つブランドのデザイナーもマイペースだった。

ロンドンで開催される予約制受注会もあっという間に埋まるほどの人気ぶりだが、デザイナーカップルは注文が立て込んでいても、商談中でも、夕方になると決めた時間のバスに乗って隣町の家に帰っていく。そのバスに乗ることで一日をピッタリ締めくくるのだ。

優れた作品を作る人たちほど、生活パターンへの執着は強く、喜んでくれるだろうと大量の注文を入れるとやぶへびとなり、忙しいのはごめんんだ、仕事を受けないといわれる。

色んな意味でイギリス人のクリエイターは、好きなことで自由に働くお手本かもしれない。

そんな生活環境の違いを乗り越え、出来上がったイギリスからの作品は感慨深く、よく吉祥寺までやってきたねと頬ずりしたくなる。

最近ではネットで会員登録すれば、1万社以上の商品が簡単に注文できるサイトもある。服や雑貨ばかりでなく、家電や家具、消毒液、マスクなど百貨店に進出する有名メーカーのものまで何でも仕入れられるのだ。

聞けばネット通販を運営する人が、あらゆるものをワンクリックで仕入れて販売できると、こういったサイトの需要は高まっているらしい。資本金がなくてもすぐに小売りができるから、サイドビジネスにはうってつけだ。

メディアの発達で小商いは、手間をかけて仕入れなくても、誰でも簡単に始められるようになった。

それは、手軽に小遣いを稼ぐ手段のようにも思える。

世界中でジャンジャン作られているたくさんのものが、ネットに乗って右から左に流される。効率的ではあるが、そこには私が目指していた店を開く面白さはない。

店を始めるからには、物を売るだけでなく、イギリスの生活文化や風土までお客さんに届けたい。それは、本や雑誌を通してイギリスを紹介してきた仕事の延長のようにも思う。

伝えたいことがあるから本を書き、売りたいものがあるから店を作った。

初心を忘れてはならないのだ。

5／英国流小商いで小さな洋品店オープン

2日間のプレオープン

2016年1月。「小さな英国展」と重ねて2日間だけのお披露目を兼ねた店が、ついにオープンする。

ブログには吉祥寺に幻のお店が開店すること。そしてこの日のために用意したスコットランドの特別なペンダントを販売する旨だけ書いた。

まずは「小さな英国展」のお客さんに店の場所を知ってもらえばいいと、控えめに告知をした。

早朝、店を掃除していたらYさんが手配してくれたのか、ポットに入った開店祝いの寄せ植えが不動産屋さんの名前で届いた。

実際に運んでくれたのは前テナント、生花店のオーナーさん自らだった。雑誌の表紙などを手掛けるオーナーさんの、クリスマスローズを中心とした清楚なアレンジメントは、イギリス的な店の佇まいにぴったりだった。

お礼を言う私にオーナーさんは、「吉祥寺の人は本当にいいものを出すと、きっと分かってくれますよ」と言葉をかけてくれた。それは店を持った自分が、地元で店を続けてきた大先輩から授かった新しい世界への招待状のようだった。

開店30分前になると、店頭にイギリス、スコットランドの旗を吊り下げた。風にバタバタとはためく旗は頼もしい相方。緊張が吹き飛び、腹が据わった。

この日は、店の第一歩にふさわしいものを販売しようと、スコットランドで見つけた古切手のペンダントを用意した。スコットランドのスタンプクラブやコレクターから収集した消印付きの本物の切手。それをアーティストの女性がペンダントに加工したものだ。

現地では「ベストプロダクトアワード」も受賞している、年間300個しか作れない古切手ペンダントには、イギリスの歴史をとどめるティーカップや動物など、絵画のような価値ある切手が収められていた。しかもチェーンは長く、使いやすい。

スコットランドで作品を見た瞬間、アンティークのようでいて、軽くて、実用的と三拍子揃ったこのペンダントをよろず屋で紹介したいと、その場で交渉して仕入れたものだ。

それ以外に元BBCアナウンサー、セリーナ・スコットの靴下や、ハムステッドで作ったコートドレスなど、2日分の服や雑貨を展示した。


開店後、ブログを見たり、「小さな英国展」帰りのお客さんが次々と入ってこられた。「お店を作ったんですね」「へぇー、かわいい」など、店内を見まわしながらも、目当ては商品。ほとんどの方が古切手ペンダントの周りに立ち止まり、最後には入りきれないほどの人になった。

「小さな英国展」を開催するギャラリーと店は、商店街を歩いて10分ほどの距離にある。しかも店の方が駅に近いとあって、夕方までにぎわい続けた。

混雑する中、「皆さんに会えないと淋しい」と言ってくれたお客さんには、店を作りましたよ、とだけ伝えた。その人は1時間以上も店にいてくれた。

私は終日Tとお手伝いの青年と3人で接客や商品包みに追われた。1か月後には初めての企画展、「スコットランド・オークニー展」を開く。あらかじめ用意しておいた次回のお知らせをお客さんに手渡しながら、「今回は2日間しかやらないんです。2月にぜひまたお越し下さい」と頭を下げた。

新しいサービスも始めた。住所と氏名を書いてもらうだけで、購入金額に応じて一定の割引をするカードを作ったのだ。ポイントをためたり、シールを集めることが苦手な私でもこれなら大丈夫。登録者には年に1~2回イベントのお知らせと割引券を送るだけ。会計時にカードを出すだけの手軽さで、今も活用率は高い。

初めて店に来られる方は、店内のイギリス地図や、服や、アンティークに瞳を輝かせ、こちらが何も言わないのに「ゆっくり見せて下さい」と、小さな店内を回遊される。思えば私も初めて訪れるイギリスのファクトリーショップでは、「見たい」「見たい」と気持ちが高ぶる。お客さんには思う存分全てのものを見てほしい。

店にはお客さんのために。宝探しのような仕掛けも作った。ケビントのガラス棚の中には、時々高価なアンティークブローチや食器なども入れておく。扉を開けた人だけが分かる特別なものだ。

この日も、開店記念として、レアなアンティークグラスを500円で入れておいた。イギリスで購入した時は10倍の値段だった。エナメルと金彩で花模様が描かれたアールヌーヴォーのグラスだ。

すると足を止めたお客さんが、店に来た記念にとそのグラスを買っていかれた。その後、知り合いに見せたところ、500円という値段にびっくりされたと、お手紙まで頂いた。おかげで夜眠る前にクイッと飲む寝酒（ナイトキャップ）が美味しく、ぐっすり眠れるようになったとも。

お店を巡る楽しさは、偶然出会ってしまったものを手にする喜びだ。思いつきで始めた宝探し企画だが、今もお客さんをあっと驚かせている。

オープニングの2日間は、店を認知してもらったり、カードを発行したりと、今後の運営方法を整える期間でもあった。古切手ペンダントは完売し、展示していた服や靴下も歯抜けとなった。これから吉祥寺に来る楽しみが増えたと言って帰られる方も多かった。

第一歩としては上々の結果。ここに辿り着くまでの日々とは全く違う人生が始まったようだった。

全ての片付けが終わって電気を消そうとした時、若いカップルがウインドウから中をのぞき、「素敵なお店だね。今度絶対来ようね」としばらく立ち止まっていた。それを見ながら、ここは私たちの店なのだ。本当に店を出したのだと、しみじみ実感した。

「スコットランドの島」と「古いリバティ」展で営業開始！

よろず屋の本格的オープン、初の企画展「スコットランド・オークニー展」は、前回の反省も含めて念入りに準備をした。2月は会社の決算期も重なり、サポート業務も立て込んでくるが、気持ちは店まっしぐらだ。

時間を見つけては店に立ち寄って、白い壁にオークニーで撮影した写真や説明文のパネルを貼る。美術館のようにパネルとパネルの間隔や商品を吊るした時のピッチを計算して、作ってもらった作品をアートのように見せる工夫をした。雑誌のページをめくるように展示物を眺め、オークニー諸島へ出かけたような気持ちになってもらいたい。

1回目ということもあり、英語の案内板もイギリス人に頼んだ手書きのものを入口に飾った。できるだけオークニーの侘しい商店の風情を表したかったのだ。

これ以外、目には見えないけれど、店で大切にしたいことがある。

私の中で心躍る店の条件は、音楽、香り、光だ。長く滞在したくなる店は、入店するといい香りが漂い、耳に心地よい音楽、明る過ぎないライティングと、三拍子揃っている。

店ではイギリスでしか手に入らないローカルアーティストの曲を流そうと思った。今回は、ハイランドで購入した『Songs From St. KILDA』(Anne Lorne Gillies)を選んだ。ゲーリック語の物悲しい歌と旋律をBGMにすれば、スコットランドの島を想像できるかもしれないと思ったのだ。

また、自宅から摘み取ってきた大量のローズマリーを木箱に入れたり、殺菌効果の高いラベンダー油とハッカ油を店や試着室の床にまいた。

心地よい音楽とアロマの香りが漂う店は、つい長居したくなる。ドアから吹き込む風も香《かぐわ》しく、うまくいく予感がした。

果たして、今回も開店まもなく店内は満杯になった。前回配ったチラシ持参のお客さんの他、ブログを見たり、偶然通りかかった人など、それはプレオープンの時以上だった。

壁に貼った文字パネルをゆっくり読む人は少ない。白い壁に浮かび上がるオークニーのセーターやストールに手を伸ばし、お気に入りのものを確保しようと争奪戦になる瞬間もあった。

こうなると店の狭さが仇となり、顔馴染みのお客さんが入店できず引き返したり、どこかで時間を潰す手間もかけてしまった。

人気店によく見る行列ができる、待たせるなどは、せっかちな私には耐え難い。申し訳ない思いがいっぱいで、お客さんの誘導にかなり気を取られてしまった。

それでも夕方近くになると、人出も減った。

オークニー在住のニッター、アニーは、一日3着しか編めない平台型編み機でベスト、チュニックなど次々と試作に挑戦している。オークニー諸島ならではのハートが編み込まれたラブ・フェアアイルのストールや、島の緑を配した月桂樹、紫色のヘザーセーターなど、島の自然を模した作品について、お客さんにゆっくり説明ができた。

ふんわりしたイタリアンメリノの真っ赤な三角バンダナを求められたお客さんは、吉祥寺アーケード内でアイリッシュキルトを販売する店のスタッフさん。クラフトには目利きであるに違いないその方から、「吉祥寺にこんなお店ができて良かった」と言われた時は心底嬉しかった。


4日間の企画展の結果は予想以上だった。これが開店景気なのかと思った。吉祥寺で新しく店がオープンすると、珍しさも手伝ってか、路面店の場合、とても賑わう。ところが、1か月、2か月と経つうちに人の波が引き、しばらくすると違う店に変わることもあった。

吉祥寺の商いに詳しい人の言葉を借りれば、「この町で店を続けるには、常連さんがつかないと絶対無理」らしい。それはかなり真実を言い当てていて、ドキリとした。

1か月後には「オールドリバティスカート展」を開催する。オークニー諸島のニット以上に知名度も人気も高い「リバティ」に、関心を持つ人は多い。

イギリスで見つけた古いリバティのタナローン生地は、画家ターナーが描く雲のような色彩で、とても珍しいデザインだった。さっそくたくさんのスカートを縫ってもらった。あまりにいい出来で、欲しくてたまらなかったが、あくまでお客様優先と我慢する。

1月から数えると三度目の開店だ。ドキドキして開店時間を待つと、年配のお客さんを中心に、遠方からもリバティファンが集まってくれた。中には2つ、3つとスカートをまとめ買いされる方もいて、在庫はまもなく底を尽きた。

プレオープンに続き、4日間だけの企画展2連発は、あっという間に終了した。

長年の夢だった小商いは、あまりに順調過ぎた。

店のお話し会「よろず屋学校」

上々のすべり出しは店の力というより、目新しさと企画展のテーマが受けたようだった。

店が出来立てのうちはこの路線で進もうと、5月には「英国&日本のカゴ展」と、「よろず屋学校」と命名した英国にまつわる小さなお話し会も開催した。

講師は西ウェールズ・カーディガンで日本人初の町議会議員になった島崎晃さん。来日したタイミングで店で話すことを快諾してくれた。島崎さんが町議会議員に選出された時は、日本人初のイギリス議員と、新聞などでも広く報じられ、時の人となった。私たちの雑誌でも何度か紹介させていただいた、おおらかで勇敢な男性である。

さっそくお客さんへお知らせを出したところ、すぐに満席になった。

当日は店の中にスツール椅子を並べて、島崎さんがなぜウェールズで町議会議員に立候補したのか、具体的にどんな仕事をしているのかなど、15人のお客さまを相手に話してもらい、お茶とケーキで歓談した。最後は島崎さんのパソコンから流れるウエールズの国歌『我が父祖の土地』を全員で聴くなど、実にいい会だった。

大学で講演にも招かれる島崎さんのお話し会を手狭な店でやらせてもらい、頭の下がる思いだった。

嬉しかったのは、吉祥寺に住むご夫婦が、はるか昔の英国駐在体験を懐かしんで参加してくれたことだ。おかげで病気がちな奥さんが元気になったと、ご主人にお礼まで言われた。中には島崎さんの話を間近で聞きたいと新幹線で来られた方もいた。

この店を仲介してくれたYさんの「東急裏を向こうみたいにしたくない」という言葉を思い出した。そうだ、イギリスについてなら、できることはたくさんある。これからも企画展の合間によろず屋学校が開催できればいいなと思った。

仕事帰りや家事の合間に、ちょっと立ち寄り、近所の店で貴重な話が聞けたり、学べる場所がいくつもあれば、町はもっと面白くなる。私自身の老後だって断然楽しくなるに違いない。

このような会の着想は、ロンドン・ハムステッドで、立ち寄った書店での作家を招いたお話し会がベースにあった。

店や書店が講座やワークショップを開くことは珍しいことではない。ただ、その時は著名なTVプレゼンターでもある作家が本棚に囲まれた一角で、20人足らずの人を相手に話をしていた。テーマは新刊の小説、そして誰もが興味を持つ自身の作家生活についてだった。

参加者の中には私のように、その作家の本を読んだこともない、買い物ついでに立ち寄った人もいた。ショッピングカートを横に置いたおばあちゃんや、子ども連れのお母さんなど、明らかに地元の人が多かった。

出版記念講演とは異質の、著名作家を囲むほのぼのとした会を、一介の町書店が開催すること。それを引き受ける作家がいる、このパーソナルでゆったりとしたペースに感動した。日本では有名になるとステイタスがつきまとい、主催者も当人も身動きが取りづらくなる。けれどイギリスではローリング・ストーンズなど、スーパースターが高校のダンスパーティーに突然現れることも珍しくない。稼ぎのいい巨大コンサートより、音楽を愛する若者の前でパフォーマンスする方が楽しいと考えるからだ。

この作家も参加者との実直な質疑応答を楽しんでいた。

テレビでも放映していいくらいの、作家とAmazonの攻防など、興味深いウラ話に、心からこの町に住んで良かったと思った。

吉祥寺でも夜半、通りがかった雑貨店で、織物作家を招き海外での製作体験を話す会に遭遇した。店内ではすでにたくさんの女性が、ノートを取りつつ耳を傾けていた。ここでも飛び入り参加したが、インドの厳しい工房の実情や染色の話に、時間を忘れスライドに見入った。

イギリスでは町づくりの考え方に、地域への愛着を表すセンス・オブ・プレイスという言葉があると聞いた。長い歴史の中で町はつくられ、人々は価値を見出した町で人と付き合い、文化を築く。場所の持つ価値を享受し、人生に投影してゆくのだ。だとすれば、店は町に命を吹き込むかけがえない一粒に違いない。

町の店は、店主の考え方一つで、消費する場から文化を送り届ける場所にいつでも変わる。

店を始めて早々にお話し会ができたことで、そんな思いを強くした。出版や執筆が中心だった頃は、期待に応えようともがいたり、誰かに「いいね！」というお墨付きをもらわないと落ち着かなかった。だが、店の仕事は最初から評価など期待していない。毎回どんな結果が出るかわくわく取り組める。

やっと没我の境地に立ったのだ。

開店して半年間は何もかもが予想以上にうまく進んだ。だが、夏が来て季節が移り変わる頃、店は新たな局面に立った。

開店景気は大きく短い

絶好調だった半年を過ぎ、雲行きが怪しくなった。最初のスランプはサマーセールたけなわの暑い盛りにやってきた。

店がオープンした時は凍えるような冬だった。私たちが最も得意とする、本場イギリスの上質なウール製品を誰もが欲しがった。靴下もセーターもハムステッドで作っている看板のコートドレスも、いわゆる羊毛製品は売れ続けた。

ところが、蒸し暑い夏が近づき、開店景気が引くにつれ、人出は減っていった。しかも夏服は冬に比べ単価が安い。コート対リネンワンピースでは2対1の開きがある。あらかた予想はしていたけれど、現実は思いの外厳しい。アパレル業界の知人が10月、11月のコートで1年分の利益を固めると言っていた。また、吉祥寺の商いは固定のお客さんがいないと無理だという事情通の言葉、いずれの意味もよく分かった。

店は大丈夫だろうかと不安になったのは初めてだった。

おまけにこのところのゲリラ豪雨もやっかいだ。ウッドデッキに立てたトルソーも空が真っ黒になってくると、慌てて中に引っ込める。外はどしゃぶり、道行く人も消えた。

誰もいない店内にいると、このまま店には永遠に誰も来ないのでは、と悪いことばかりが去来して押しつぶされそうになる。

メディアの露出予定もなし。すでにこの時点でいくつかの雑誌の取材をスキップしていた。

開店当初、よろず屋には業界の人（ライターさん）らしき人もやってきた。名刺を下さる方もいれば、ちょっと写真撮らせてもらっていいですかという方。

だが、「店が雑誌に載ると見物客が増えて、常連さんに迷惑がかかる」と、セレクトショップのオーナーさんから聞かされていたせいで積極的になれなかった。

吉祥寺特集に出たとたん、飲物片手に店を一周回って出ていく人が次々やってきたそうで、オーナーさんも気分を害したのだろう。

「僕はお客さんを守らないといけないから」

オーナーさんが言ったお客さんとは常連さんのことだと、店を持って初めて気づいた。

この時期、よろず屋を支えてくれたのは確かに常連さんだった。どしゃ降りの雨、雷があちこちに落ちる平日の午後、ぼんやりしていたら3人のお客さんが駆け込んできた。

どの人も「小さな英国展」時代からのお馴染みの方で、雨宿りをしながら店にたどり着いたという。

見れば服は濡れそぼっている。申し訳ないと思いつつも、心底ありがたく、何度も頭を下げた。「何があっても来たかったんですよ」と言われ、このご恩は一生忘れませんと胸に誓った。

今は地方に転居された、私よりずっと年上のお客さんも忘れがたい一人だ。いつも初日にひょっこり現れて、服が大好きなのか、「ちょっと着てみていいかしら」と、たくさんの服を試着され、ご家族の分まで買っていかれる。

私の本も知らない、ごく普通の人だが、値の張るものから数十円単位の壊れた土瓶まで、店にあるもの全てをいいわねと愛しんで下さる。ギャラリー時代からそれはずっと続き、なぜこんなに良くしてくれるのか、不思議で仕方なかった。

ある時、いつもありがとうございますと言うと、ウフフと笑って「応援団ですから」

うになった。

と言われた。長年の疑問を解き明かしたその言葉が、あまりにストレートで涙が出そうになった。

考えてみれば店は始まったばかりなのだ。これまでのお客さんが応援してくれる今こそ、やったことのない新しいことを始めるのだ。今のうちに次の種を蒔き、新しい展開をつくるのだ。

私はSNSに詳しい娘に手ほどきを受け、ツイッターを始めてみようと考えた。この分野にからきし弱い私だったが、操作も携帯でできるとあって、「英国の服と雑貨 吉祥寺よろず屋」のアカウントを作成。始めてみれば牛歩のようではあったが、フォロワーさんが少しずつ増えていき、ブログとは別の、イギリスの珍しいものに関心のある新しいタイプのお客さんが来てくれるようになった。

また、店に来る人の多くは、何らかの形でイギリスと接点がある。現地で見つけた古書や写真集、イギリスにちなんだ書籍などを台に並べて、天気の良い日は店頭で小さなブックフェアを開催した。

ズラリと並んだお手頃価格の本に道行く人が足を止めて、その流れから店の扉を開ける。

吉祥寺という土地柄なのか。こういう文化的な匂いのするアイデアは、売り上げを左右するほどのものではないが、リピートする人を確実に増やしていった。

見えない不特定多数の人に呼びかけるツイッター、道行く人が立ち止まるブックフェアなど、きめ細かく小さな挑戦を重ね、ゆっくりとではあるが、店本来のペースが出来上がっていった。

6／洋品店という名の何でも屋

眠っていたものを活かして人助け　英国流チャリティコーナー

店を始めてからはイギリスから届いた商品に加え、試作品、紙袋などの備品で店や倉庫は足の踏み場もなくなった。

片付けても、片付けても、うず高く積み上った荷物を前に途方に暮れた。文章のみの本と並行して、写真満載のフォトエッセイを出し続けたため、撮影に使った服や食器類で収集がつかなくなっていたのだ。

だが、よく見ると、それらはちょっと汚れていたり、テープの跡が残っていたり。まだ十分に着たり、使ったりできる立派なものばかりだ。これこそ撮影したり、記事を書くための参考商品が続々と集まる私の仕事の副産物ではないか。

そうか、これをきれいにしてチャリティセールを開催してはどうだろう。困窮した人々のために地道に活動している個人や団体に寄付するのだ。

このアイデアはイギリスのチャリティショップのよう。お高くとまったイギリスざます、みたいな店にしたくなかった私にとって、我が意を得たりと準備にかかった。


イギリス人が年に数回は必ず利用するというチャリティショップ。寄付された家庭の不用品をボランティアが販売し、売り上げを慈善団体や地元のホスピスに贈る。日本でチャリティショップをやるのはどうだろうと考え、小さな英国展でも試験的に試みた。


そうだ、あれを始めるのだ。

善は急げと、自宅の納戸にしまっていた段ボールまで確認した。

そこにはイギリスのおばあちゃんが編んだかぎ針フラワーモチーフのベストや、ティーコゼーが入っていた。写真を撮った後、その存在を忘れていたのだ。

宝の山をクリーニングに出して、一つずつどこの誰が作ったものかなど、商品説明をタグにちまちま書いてぶら下げてみた。クリーニング代はバカにならなかったが、チャリティだ。涙をのんで価格も安くした。

我ながら上出来であった。

おかげでよろず屋には、チャリティコーナーを楽しみに訪れるお客さんも増えた。ショッピングカートを引いたおばあちゃんや学校帰りの学生さんまで、何だか面白いわねと長居してくれた。何より100円単位からちょっと買える面白いものは、店の客層を広げる一助にもなった。

珍しい日用品から服までが安く買える楽しさ。そしてお金を落とせば間接的に誰かの役に立つと、チャリティコーナーはお散歩がてら店をのぞく人の憩いの場になった。

チャリティコーナーで忘れられない思い出がある。

店番をしていたら、欧米人夫婦が入ってこられた。英国旗にひかれたという。ラフな恰好をした二人はイギリス人で、日本で働いているという。店内をあちこち見ている奥様をのんびり待つご主人は、日本語が堪能でどことなく品がある。

すっかり打ち解けて、どこに住んでるのか尋ねると、家は英国大使館の中にあるという。

その人はポール・マッデン英国大使（当時）。吉祥寺が大好きなセーラ夫人と遊びに来たらしい。まさか大使までが来るなんて、英国旗の力、恐るべしだ。

セーラ夫人はチャリティコーナーを気に入ってくれた様子。イギリスではロイヤルファミリーをはじめ、地位の高い人ほどチャリティに熱心だ。

キリスト教の宗教観、税法上のメリットもさることながら、お金の使い道は政府が決めるのでなく、寄付を通じて自分で決めたい、という意志的なイギリス人の性質によるのか。

そもそもイギリスでは中流、上流にかかわらず、良いものを見極め、安く買う人はお金の使い方を熟知している人と賞賛される。しかもそれが慈善活動の一助となれば、利用しない手はない。

大使夫人は値下げしたスコットランドのソープディッシュを喜んで買ってくれた。そして、その後も一人で来て下さり、イギリス人らしくチャリティコーナーを熱心に見てくれた。ありがたいことである。

さて、2021年5月現在、チャリティコーナーでサポートする団体はかなりの数になってきた。水俣病患者さんらを支援する一般財団法人水俣病センター相思社、ホームレスの方々をサポートする山谷まりや食堂、熊本地震の義援金を募る日本赤十字社、貧困や虐待に晒《さら》される子どもを助けるセーブザチルドレン、国境なき医師団他、その時々に応じて売り上げの一部を寄付してきた。

編み物が大好きな年配のお客さんも何か協力したいと、洗剤がなくても食器がピカピカになる花型のアクリルたわしを編んで何度も送って下さった。様々なメーカーさん、クリエイターさんも商品を提供して下さるなど、少しずつ広がってきている。

編集部や倉庫に眠るものたちがお客さんを喜ばせ、誰かの役に立つ。店があればこそ、こんなチャリティ企画も始められたのだ。

人を呼び込むフードの底力

店を始める前、謎だったことの一つが、セレクトショップや日用品店でお菓子を販売するのはなぜかということだった。

色んな店のツイッターを見ていると、「明日、○×さんの焼き菓子が届きます」とか「○×農園のリンゴを量り売り」など速報が流れてくる。

何も知らなかった頃は、吉祥寺界隈なら美味しいケーキ屋さんも産直ものを販売する八百屋さんもあるのに、なぜ食品をわざわざ服と一緒に扱うのかと思った。

その答えは「小さな英国展」を始めた時にすぐ分かった。お菓子、お茶、果物などのフードは、お客さんを呼び込む力が絶大なのだ。客寄せパンダどころでなく、フードのある、なしで客足は3割ほども違う。

ある時、会社の人に頼まれて、お付き合いのあるお菓子を「小さな英国展」で販売した。それは瀬戸内海の無農薬レモンで作られたレモンケーキ。見た目は個別包装の箱に入ったご当地グルメというか、道の駅や駅売店で販売されていそうな土産物のお菓子だ。受賞歴もあり、食べてみると確かにレモンが入って美味しいが、イギリス系のラインナップにはそぐわない。それでも引き受けたからには売り切ろうと、事前にお知らせを出した。

すると「小さな英国展」に来られたお客さんは、まずレモンケーキをいくつか取って、レジで預かってとおっしゃる。早々に売り切れてしまうと、「今度いつ入るの」と尋ねられる方が続出。

ネットで調べればお取り寄せもできるお菓子だが、この会場に置かれると特別なものになるのか。そして、1個数百円なら食べてみたいと興味をそそられるのか。

ともあれ、レモンケーキは3回追加を頼むほどの人気ぶりだった。追加が入るたび

「美味しかったから」とわざわざ買い足しに来られる方もいた。

英国在住の菓子研究家、ギャンブル五月さんのカップケーキの時はこの比ではなかった。花びらのようなアイシングが芸術的なカップケーキは、写真映え（今でいうインスタ映え）して、案内チラシに載せたところ問い合わせが相次いだ。

彼女のカップケーキはドラマ『SEX and the CITY』に登場し、ニューヨークはじめ全米で大ヒットしたのち、移転先のロンドン郊外でも本が出版されるほどの人気ぶり。縁あって、現地のギャンブルさんにお願いしたところ、日本在住のお弟子さんが代理で作って下さり、会場まで届けてくれる運びとなった。

この時は地方からもカップケーキを求めてお客さんが来られ、その愛らしさと美味しさに、次も入れてほしいと熱いリクエストをいただいた。

入場者数がグンと増えたのもカップケーキのおかげだった。

こんな経験から、店をオープンした当初から大手スーパーや百貨店に流通してないイギリスの美味しいものを懸命に探し、フードには力を入れた。

「小さな英国展」で実験的に販売ずみの、ウェールズのリンゴ農園で300種類のリンゴの木を育てるマーガレットさんのリンゴジュースも定番にしようと決めた。ラベルにはチャールズ皇太子のワラントが記され、1000円少々の手頃感がうちに合っていた。

コメントが欲しいと、東京在住のイギリス人に飲んでもらったところ、「これこそイングリッシュアップルの味だ！」と絶賛された。確かにフタを開けた時のリンゴの甘酸っぱい芳香はむせそうだった。

さっそく店に出すと、「ウェールズのファーマーズマーケットを思い出す」とイギリス通をうならせ、ロングセラーになった。


さて、イギリスといえばショートブレッドだ。イギリス本土最北端、スコットランドの小さな町、サーソーで半世紀にわたり家族経営を続ける老舗ベーカリーのショートブレッド、「リーズ・オブ・ケイスネス」はどうしても入れたいお菓子の一つだった。スコットランドに出向いた折、店を訪ねてみれば、質素な佇まいでカフェも併設していた。

素朴な店のホームメイドは、イギリスで食のオスカーと言われる「グレイト・テイスト・アワード」を受賞している。スコットランドの朝食に出るオートミールがたっぷり入った、ザクザクした食感が後を引く。

これも卸ルートが見つかり、勝負とばかりにドンと大きく仕入れた。どれほど地元で愛されているか、ブログやツイッターで取材した写真を織り交ぜ伝えた。味もさることながら、本土最北端のベーカリーという設定が、スコットランドファンの心をつかんだ。

お菓子の力は偉大なりだ。

ところで私が学生時代は、海外の食品は簡単に手に入らなかった。テレビで紹介される美味しそうなケーキやお菓子は現地で買うか、広尾の明治屋など大使館御用達の高級スーパーに行くしか手がなかった。

それが80年代後半に輸入食品を中心に扱う「カルディ」が現れ、世界のフードが普通にあちこちで買えるようになった。

私たちはそういう大型店に流通しない、希少な食品を扱う小さな輸入業者に助けられている。彼らがイギリスのアーティザン（職人的）と呼ばれる事業者と折衝し、卸してくれるおかげだ。

それらは服や雑貨と同列に並べてもしっくり収まり、異国の生活感を醸し出す。フードはお店を訪ねる動機になり、イギリスの食文化を伝えてくれる。イギリスで見た食品、雑貨、本とあらゆるものを扱うごった煮みたいな店のカタチは、こうして徐々に出来上がっていった。

残されたのは紅茶問題

40年以上イギリスに通っているのに、紅茶についていては全くといっていいほど関心がなかった。

ロンドンの家には大手スーパー、「マークス&スペンサー」のイングリッシュブレックファストがあり、取材先でいただいたり、ホテルなどで使わず持ち帰ったティーバッグでキッチンの引き出しはいっぱい。それをマグに入れて湯を注ぐだけ。これでも十分美味しい。お土産用の紅茶を買う時も、値段とパッケージで選ぶ程度だった。

だから私の英国ツアーに参加されたお客さんに「美味しい紅茶を買いたいんですが」と相談されても、正直、王室御用達の高級スーパー「ウェイトローズ」ぐらいしか思い及ばなかった。

そんな私が「紅茶」にフィーチャーしたのは、店を始めて食品のすごさに気付いた時からだった。お菓子が売れるということは、お茶だってきっと、と確信したのだ。百貨店の英国フェアでも珍しい銘柄の英国紅茶は、ものすごい人気があり、大行列だ。オンラインで紅茶フェアをやってもン千万円単位の売り上げを稼ぐらしい。

また、昨年、一昨年と英国情報誌で紅茶がらみの特集を二度やってみた。「ロンドン紅茶も買えるとっておきのティールーム」と「英国クリームティー」は、いずれも完売するほどの人気だった。面白いことに紅茶特集号は、新規購読者の割合が多く、未踏の紅茶マーケットのすごさに遅ればせながら気付かされた。

どこかいいところはないかと探していたところ、英国情報誌の特集で大きく紹介した大英博物館の前に店を出す「カメリアアズティーハウス」のオーナーさんにお目にかかる機会を得た。

この「カメリアアズティーハウス」、姉のルブナさん、弟のアジットさんが作る100種類以上ものお茶を飲んで、私は初めて紅茶にはまる人たちの気持ちが分かった。ストレートティーで頂くと、味、香り共に格別。ティーバッグとは明らかに違う。

31㎡を予算70万円で
リフォーム(P74)

店内の様子が外からも見えるよう
左右の窓は大きく

窓の内側には雑貨が置ける棚を

木製の丸棒をハンガー掛けに。両脇にネジを入れワイヤーで吊るす(P83)

渦巻きガラス(ブルズアイ)のドア

高さの調整は慎重に

センターテーブルは、世界に25台しかないリッポン大聖堂のベンチを解体したもの（P82）

店のプレートはハムステッドの修理屋で注文（P79）

ついに完成

アールヌーヴォーなレニー文字で刻まれた店名

こちらも食のオスカー、「グレイト・テイスト・アワード」金賞を数多く受賞していた。

百貨店の英国フェアでも初めて登場すると、売り場は連日長蛇の列。母に頼んで並んでもらうも、目的のお茶は全て完売していた。

何としても店で扱いたいと、代理店さんにさっそく取引をお願いし、話はまとまった。仕入れの段階ではあまりに種類が多く迷ったが、紅茶もハーブティーも定番ものを中心に、思い切ってほぼ全種類をオーダーした。菓子類と違って賞味期限は1年以上ある。お客さんにお茶を選ぶ楽しさを提供したい思いもあった。

しかもホメオパシーを熟知した姉ルブナさんがブレンドするハーブティーの中には、一杯飲めばぐっすり眠れる「スリープウェル」など、私にとってなくてはならないお茶もあった。


反響は予想以上で、百貨店の催事で買い損ねた銘柄を求めて、電車を乗り継ぎ来店される方が増えた。「ストレス」と「ハピネス」という両極端な2つのハーブティーが突出してよく売れたのも、何だか現代人の心を反映しているようだ。

ともあれ、これぞと思えるイギリスの紅茶を取り扱えるようになったことで、店に欠けていた最後のパズルがピタリとはまった。

時間軸は前後するが、お茶といえばよろず屋にはオリジナルハーブティーがある。オープン記念に作ったもので、長野でオーガニックハーブを栽培する信州うらさとハーブ園主宰の池田美代子さんとの共作、自慢のお茶だ。

ラベンダー、マロウ、ミント、ハイビスカスなどをブレンド。一袋350円とお手頃にして、ラベルにはよろず屋のシンボル、エブリマンをデザイン。ローカル色を出したいと、「きちじょうじハーブティー」と命名した。

ちょっと風邪っぽいと思った時、出がらしになるまでたっぷり飲むと滋味深く、心身共に癒されると、本格的な紅茶の取扱いが始まるまで頑張ってくれたお茶だ（今も販売中）。


財布を持ってお茶だけ買いに来られるお客さんを見ると、2か月に一度のこの店が、人様の役に立ってるようで、洋品店だが何でも屋というコンセプトは間違ってなかったと思う。お客さんに求められていると感じるのは、不思議だがこんな瞬間だ。

小さな店内　キッチンが試着室、間仕切りは英国のゴブラン布で

店内の様子

お客さんに扉を開けて楽しんでもらう、ケビントのガラス棚(P103)

掘り出し物と出会える、チャリティコーナー(P119)

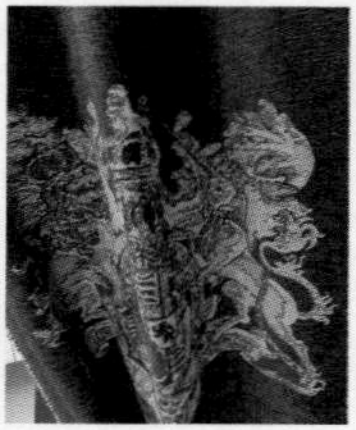

キッチン空間を試着室に。紋章のような柄のゴブラン織の布で間仕切り(P84)

英国のヴィレッジストア

イギリスの町や農村地域にある小さな商店(village Store)。郵便局やティールームを兼ね、地域の中心になっている。大切な英国文化の一つ。コッツウォルズのガイティング・パワーにある、郵便局も兼ねたヴィレッジストアではコーヒーも飲める。1ポンドで古本も販売していた(P75)

コッツウォルズのベーカリーを兼ねたよろず屋。日用品と共に早朝から焼きたてのパンが買える

「癒し」と「使ってみたい」が日用品には不可欠

服だけにとどまらず、日用品を扱いたいとずっと考えてきた。イギリスの街角にある商店のような店をイメージした時、食品と並んで日用品は不可欠だった。

特に力を入れたものが2つある。カゴ（バスケット）と洗剤だ。

ヴィジュアル的にも店に並べるだけで様になり、お客さんの心をつかむカゴはないか、リサーチを重ねた。

よろず屋開店の少し前、日本で爆発的なカゴブームが起きた。展示会では7〜8万円もする山ぶどうのカゴにバイヤーがわんさか集まり、ものが手に入らないと大騒ぎになった。争奪戦に振り落とされそうだし、何より高額過ぎて扱う自信もない。

そこで、イギリスで本格的なカゴの工房を探し始めた。

イギリス人はキッチンやガーデンの収納にカゴを置き、ヴィクトリア時代には1万人以上ものカゴ職人がいたという。伝統工芸であり、軽量で風通しの良いカゴは、野菜を入れたり衣類の収納にと、イギリス人の暮らしになくてはならないもの。これこそイギリスの生活文化を伝える店のコンセプトにぴったりではないか。

方々調べた挙句、スコットランド西部、エアーの北の小さな町にカゴを作る職人、バスケットメイカーがいると分かり、矢も楯もたまらず冬休みを調整して現地に出向いた。

カゴ職人ヴァージルの工房は、朽ち果てた元ガレージだった。

「ものづくりに立派な店はいらない。お客さんは来るけど、いったん目当てのカゴを手に入れたら、再び買いに来ることはない。ガレージで十分」と、マネージャー役の妻はかなり冷静である。

一方、寡黙なヴァージルは、水に漬けた堅いウイロー（柳）を指で押し、引っ張りながら一気編みしている。ウイローの堅さ、網目が均等で精巧なカゴは、雨風にも強く、外で雨ざらしにしても100年経てば立派なアンティークになるらしい。

店でぜひ販売させてほしいと、その足でご自宅にお邪魔して、子どもたちが奇声を上げて走り回るリビングで、正式に製作をお願いした。

試しに一つ購入したカゴを自宅で使ってみた。ベッドサイドに置いて読みかけの本、新聞、ペットボトルを入れる。または車で遠出する時、読みたい本をたっぷり入れて持ち運んだが、堅さによって本が傷まず、大変便利だった。

ハムステッドの服ができるまで

完成した生地のほつれなどを直す職人、メンダー

「マーリング＆エヴァンス」で、運命の生地との出会い(P18)

夢にまで見たオリジナル服第一号(P21)

おまけにもらったブランドタグ

ハムステッドの路地

私のブランド「Everyman Everyman」の60年代ワンピースとコートドレス（P181）、クロップド丈のエドワーディアンパンツ（P176）、ハムステッドワンピース

2か月後、天井に届くほどの大きな段ボールがスコットランドから届き、吉祥寺の「小さな英国展」に出してみた。柳の色もピスタチオグリーンとブラウンの2通りが選べる。価格もギリギリまで調整した。

結果、スコットランド製のカゴなんて初めて見たと、反応は上々だった。

意外だったのは、予備で仕入れたスプーンなどカトラリーを入れるペン立てもどきや、収納ラックに組み込めそうな四角形の平らなカゴが、いち早く売り切れたことだ。そういえばヴァージルのもとには、イギリス中からクローゼットに入るカゴを作ってなど、寸法を記したメールが年中届くと言っていた。「収納パーツとしてのカゴ」は次のヒット商品になりそうだ。

余談だが、彼がカゴ作りを学んだのは、幼い頃、お母さんが大切にしていたカゴを壊し、それを修理したかったからという純粋な動機だった。日本人向けにサイズは一回り小さくしてほしい、などの注文にも真摯に対応してくれた。

出来上がったカゴは、彼のように寡黙で頑丈だった。

もう一つ、自分で使ううちにどうしても取扱いたいと思ったのが精油入りの洗剤だった。

ある雑貨店で出会って以来、セーターから毛布、バッグまで、家中のものを洗ってみた。いずれもネットに入れて洗濯機を回すと、水槽の水は真っ黒。面白いほど汚れが落ちて、干す時には香る精油に心癒される。

ラベンダー、ベルガモットなど精油が入ったエコ洗剤は、植物由来の洗浄成分で汚れが落ちる上、洗った服がふんわりする。

おかげで洗濯が一層好きになった。

「クリーニング代ってバカにならないのよね」と、ウール製品を買ったお客さんの言葉も背中を押した。

とにかく仕入れたい一心でメーカーに問い合わせてみるも、けっこう厳密な審査がありそうだ。どうすればいいか。


ムクムクとかつての失敗談が頭をもたげた。

どうしても仕入れたい食器があり、電車を乗り継ぎ、メーカーの社長さんと面談した時のことだ。たくさんの話をさせていただき、いい感じの流れができた。

国産ながらその会社で製作する食器は、イギリスの老舗陶器メーカー「デンビー」

色を楽しむ英国のニット

ボタンストール

カンブリア・デント村にあるソフィのアトリエ

マガモのブルーを「マラード」（左）くすんだ水色は「ペトレル」（下）など、全ての色に名前が（P47）

色とりどりのボタンストール

色彩設計（colorway）（P94）

オークニー諸島在住のニッター、アニーのアームウォーマー（右上）、スヌード（右）（P107）

のようなデザイン。頑丈さがあり、売れる予感もあった。アーティスト系の社長さんは、将来コラボ企画ができればいいですね、とまで言ってくれた。

オーダーはメールが苦手な私に代わってアシスタントの女性に頼み、先方の担当の方とやりとりをしてもらった。

数日後、Tが暗い表情でやってきた。「例の食器メーカー、ダメみたいですよ」と言う。見ると社長さんから、おたくとは取引できないという旨のメールが届いていた。

青天の霹靂《へきれき》である。

理由はアシスタントの女性が書いたメール文にあった。「〇月〇日の開店に間に合うよう納品お願いします」という言い方が命令口調と捉えられたようで、御社のやり方にうちのスタッフが困惑している――とあった。

地雷を踏んだのだ。社長さんと面談済みだったからと、人に任せた自分が甘かったと猛省した。

服であれ、日用品であれ、「こだわりのもの」を作る人たちは感性の鋭い、どちらかといえば繊細な人が多い。ちょっとした言動が引っかかり、取引が難しくなることは、他の店でもあると聞いた。

だから洗剤の一件は誰にも関与させず、ツキが落ちるかもと、交渉していることはTにも話さなかった。

担当者に直接会おうと、一人で晴海の展示会場まで出向き、取扱いたい旨を直談判した。稟議にかけますと言われ、ハラハラしたが、最終的に取扱いを許可していただき、胸をなで下ろした。

正直、洋品店で珍しい洗剤を扱えば、マルチ商法などと勘違いされやしないかと妙な懸念もあったが、販売してみれば一番リピートされる人気者となった。

「クリーニング代が節約できる」「切らしたくない」と、共働きのパワーカップルや介護中の方々などは、何本もまとめ買いして下さる。これこそ、暮らしを豊かにする日用品だ。

100均グッズと捨てられないもの

以来、店では、日用品に力を入れた。セレクトというほどではない。取り扱うことで、これがなくなったら困ると思うものを、お客さんと共有する感覚だ。

中でも北アイルランドで作られているグラスクロスは忘れ難かった。地元の人を完全雇用し、地場産業としてアイリッシュリネンを作り続ける数少ない工場のものだ。とりわけ、トーマスファーガソン社のグラスクロスは、イギリスでは三代にわたって使うものと、おばあちゃんの知恵的に大切にされている。

あるイギリス人の家庭でおばあちゃんからもらったというクロスを見せてもらったが、100年経っているのに生地にコシがある。汚れても洗って、日に干せば、生地の凹凸感が戻り、ケバつきもない。それで磨くとグラスの曇りがよく落ちてピカピカになる。他のフキンではだめだという。

確かに私も持っているが、グラスクロスを固く絞り、ガスレンジ、シンクトップを拭き上げると、ピカピカ病にかかりクセになる。これに代わる布はなく、生産中止になったらどうしようと心配になる。

代わりのないものは大切にするし、簡単には捨てられない。

これが暮らしの基本ではないだろうか。

何もフキンを煮沸しろと言ってるのではない。持ち続けることはしても、面倒なことは嫌だ。ただ、イギリスや日本でどんなものが、なぜ受け継がれるのか、使うことで、分かる楽しさもあると思う。

店ではそこを紹介していきたいのだ。

雑誌や書籍では捨てることを奨励し、立ち退き後のような、空っぽの部屋をミニマルだと褒めちぎる。100均グッズがもてはやされ、時流のキャッチフレーズ「簡単に」「手間なく」の暮らしには、洗濯機の真っ黒な洗水をのぞく好奇心や、デコボコの布でピカピカに磨き上げたコップを見る楽しみもないようだ。

かと思えば、おばあちゃんの手仕事的な、手のかかる料理や掃除法を紹介して、丁寧に暮らす素晴らしさを説く。見る分にはよくても、現実にやるかと言われれば縁遠い世界だ。多分こんな生き方をしていたら、一生たどり着けない境地だろう。

この中庸をいくのが、ちょっとスペシャルな日用品を手に入れて、家事を楽しみに変えることではないだろうか。

買って暮らしにはずみをつける行為は短絡的ではあるけれど、日々の雑事に追われる現代人にとっては無理がない。伝統的な、もしくは考え抜かれた日用品を使うことで新鮮な気持ちになれるし、家事や片付けにもっと意欲的に取り組めるかもしれない。

私たちは何でもかんでも物を大切にすることなどできない。

そして、何を捨て難いと思うかは人それぞれだ。

毎回、よろず屋営業の最終日に、私も店で買い物をする。そこには、年を重ねてやっと見つけたものたちが、よそゆきの顔をして並んでいる。

7／人生経験でこなす本格的接客仕事

定番のトークはうるさいだけ

アパレルの接客技術など全く知らない私だが、「お店」という仕事を始めて、この服や雑貨の良さをどう伝えればいいいか、常に思い巡らせている。

反面教師となったのは、これまで自分が買い物に出かけるたび、耳にした販売トークだった。駅ビルやショッピングモールでの中堅アパレルショップの声がけは、実に興味深い。

接客の第一歩は挨拶だが、買い物客がまばらな時も、ごった返している時も、一歩店に入ると、「いらっしゃいませ、こんにちはー」と、甲高い裏声が飛んでくる。キーの高い発声方法でそうぞうしい。上司に仕込まれたのかと勘ぐってしまうほど、どの店も酷似している。

挨拶だけではない。コロナ以前は、コーヒーショップやコンビニでは店員さんがつり銭を渡す際、両手でこちらの手を握りしめてきた。夏の暑い時にどれほど不快だったことか。

このつり銭の渡し方は、高齢者の客を取り込むために考えた親愛のサービスと聞いたことがあるが、私は年老いても手を引っ込めそうだ。

店に入れば若い店員さんたちは決まって持ち物を褒めてくる。珍しいものを持っていれば可愛いと言うし、そうでなくても靴、バッグなど目につくものを可愛いと褒めちぎる。

休日など汚れてもいい作業着のような恰好の私は、あまりの白々しさに無理して褒めないでと逃げ出したくなる。これも全てマニュアル教育だろうか。

以来、私は強く意識してアパレルの定番、若い店員さんトークを自分から抹殺しようと心がけた。

特に気を付けているのが販売トークだ。

たとえば、昨今の服はリラックス志向で体型を隠し、ダボッとしているものが多い。万人に販売できるチュニックやAラインワンピースを店で手に取ると、若い店員さんが近づいてくる。

「そのワンピース、下からタートルを着ると冬も着れますよ」

「チュニックは下に細身のパンツを合わせると、きれいめコーデができますよ」

「オーバーブラウスはベルトで締めて、ブラウジングしちゃって下さい」

だいたいこの3通りだ。

まず、綿やレーヨンのワンピースだが、冬場、下にタートルを着れば静電気でワンピースは身体に張り付き、見た目は剝がれかかったシール状態になるだろう。

また、細身のパンツはかっこいいけど、中高年の女性はゆったりしたサルエルやワイドパンツを好む方が多い。万が一、同じ提案をすれば「入るわけないでしょ」と怒られそうだ。

ちなみにコロナ禍でステイホームが推奨される今、「太った」とおっしゃるお客さんは多い。二言目には「ぜい肉が……」と嘆きの声。よって店でXS、Sサイズはほぼ出番がなく、売れ筋はXLという前代未聞の現象が起きている。もはや「スリム」

は死語となった。

ベルトでブラウジングに至っては、最近、通勤電車でもそのようなスタイルを見たことがない。それなのに、ほとんどの店員さんはブラウジングと連呼する。中高年はお腹周りに肉が付き、私もしかり。ブラウジングすれば、だるまのように太って見えると思わないのだろうか。

20代の頃、雑誌でスタイリストをやっていた経験からも、お客さんのコーディネイトは得意分野だ。だから、このような鉄砲玉セールストークが、アパレル不況の一因ではと、つい思ってしまう。

かく言う私も、入口にお客さんの姿が見えると、まず頭を整理する。

昭和を代表する芸能リポーターの故・梨元勝さんは、張り込んだ成田空港で山口百恵さん、松田聖子さんなど大物スターが現れると、コメントを取らねばならないプレッシャーで逃げ出したくなるとおっしゃっていた。まさにそんな心境である。

お客さんの様子を見ながら、小さな工房で作られた職人的なものを売る店ゆえ、まずは工場や工房のある町の写真を見せる。お客さんが興味を持った服を私が着ている場合は、自分の着こなしを見てもらい、正直な着心地をお伝えする。

パンツが欲しいお客さんが合わせるものがないと言えば、店内のブラウスやTシャツを組み合わせてコーディネイトを見てもらう。

他のお客さんの反応が気になる人には、どんな年代の方がどこを気に入って買われたかも話す。そして必ず尋ねられるお手入れについては、洗い方や干し方まで、私はこうしていますと伝える。

ネットに入れて洗濯機にかけ、あとは手アイロンが基本。シンプルに短く、自分の言葉でというのが肝だ。

言葉に誇張やその場しのぎがないか気を付けながら。

店主が一人で切り盛りする小さな独立店やセレクトショップでは、挨拶とか販売トークという概念さえなく、お客さんが来ても黙って作業している。

今はなき、吉祥寺のカジュアル店でのこと。

目的もなく店に入ってすぐにループ編みのパーカーを見つけた。とても肌触りが良く、聞いたことのないブランドで日本製と書いてある。着たらどれほど気持ちいいか。父にも母にも贈ってあげたいと思った。売れ筋でたくさん仕入れたのか、それは棚から滑り落ちていた。

するとだんまりだった店主さんが口火を切った。

「こんな立派な仕事ができる工場さんは、今はないんです。近畿の地場産業で、戦後ずっとカットソーやパーカーを作ってきたんですよ。けれど、工場が閉鎖するというので、ありったけ引き取ったんです」

店主さんは若い頃、その工場に修業に行ったらしい。大事にしてきた工場の吊り編み機の額入り写真を見せてくれた。それは日本では数少ないという、オブジェのように年季の入った機械だった。

私は大枚はたいて山ほどそのパーカーを購入した。これはすごい服だ、みんなにプレゼントしようと強く思ったからだ。ユニクロ価格の5倍はしたけれど、深い満足感があった。

店主さんがぼくとつと語った短い話には、彼の人生や工場への愛着など、これを買わねば一生後悔すると思わせる何かがあった。

定番トークは耳障りだが、こんな話はもっと知りたい、聞いてみたいとかき立てられる。

商品に愛情を持っている個人経営の店主たちに、接客マニュアルはない。お客さんと適度な距離を保つ店主、威勢の良い店主、商品知識が豊富な店主と、一国一城の主よろしく感性と知見から語られる言葉が店を作り、お客さんに響く。

店に立つたび、そういう表現のできる人になりたいといつも思っている。

売れない日は喋らない

小商いの醍醐味は自分が探し出したものをお客さんが「いいわね」と喜んで買ってもらう瞬間にある。

だから、その逆は悲惨である。

張り切って仕入れたものが売れず、一生懸命説明してもそっぽ向かれると、原稿が面白くないと言われる以上にみじめな気持ちになる。何とか挽回しようと立ち回ってみるが、空回りするばかり。

こんな時は、雑誌にも頻繁に登場する人気雑貨店の女性店長を思い出す。

私よりずっと前から店を続ける年下の店長は、いつも笑顔を絶やさない。普通は内緒にしておく仕入れ先から商店街の裏事情まで、包み隠さず客の私に教えてくれる太っ腹の人だ。その彼女も客足が減って、思うように売れないと悩んだ時期があったらしい。

このままではまずいと、知り合いの占い師に相談に行ったところ、「アナタ、お客さんに対して売ろうと思っちゃダメ。売ろうとしたら売れませんよ」と叱られたという。「私、その占い師に言われて、お客さんの顔がお金に見えていたのかもしれないって思ったんですよ」と、ぽろりと言った。

その後、彼女はそれまでの接客態度を改め、「売れなくてもいい。その結果店が終わってもいい」と挨拶以外口をつぐんだそうだ。すると、グングン売り上げが伸び、お客さんも増えたという。

お客さんの顔がお金に見えたことはないが、店を持ってみて、現実の厳しさや人が集まるかどうかのプレッシャーを経験してみると、占い師のアドバイスはあながち間違いでもないと思えた。

私も似たような経験がある。

人出もまばら、お客さんが店に入ってこられても目が合うと出ていってしまう。何だか調子が出ないなぁと思ったある日のこと。

例の占い師のアドバイスを思い出し、試しに今日は余計なことは一切喋らない。邪念を捨てて店で一日過ごすのだと、ブログのための写真を撮影していたら、一人の若い女性が入ってきた。

客が客を呼ぶというが、店に一人でもお客さんがいると、なぜか次々とお客さんが入ってくる。

だから、誰もいない時のお客さんは実にありがたいものだ。

嬉しさをかみ殺して小声で「いらっしゃいませ」と言って作業を続ける。その女性は中央テーブルの緑色のボタンジャケットの前で立ち止まった。いつもなら声をかけて話を始める。だが、今日はお客さんに働きかけることをしないとノートを広げる。

ケルト音楽だけが流れる店内。私だったら何だか素っ気ない店だと思うだろうな。このまま何も言わなければ、このお客さんも帰ってしまうだろうかと、心配になる。

心中穏やかではないけれど、「売ろうとしない」というアドバイス通り、今日はお客さんと交流しないと決めたのだ。

お客さんは中央台から離れず、今度はストールを見始めた。湖水地方の近く、デントデールのニットは色合いが美しい。きっと珍しいのかもしれない。

店がうまくいっているバロメーターの一つは、お客さんの滞在時間にあると聞く。長くお客さんが滞在してくれる店は、頻繁にお客さんが入って、すぐ出る店より伸びしろがあるらしい。

そんなことをぼんやり考えていたら、お客さんがこちらを見て手招きしている。ご指名とばかりに近くに行くと、カタコトの英語で「マザー　プレゼント」と言う。

その女性は韓国からの旅行者で、東京で母親のプレゼントを探していたそうだ。緑色のジャケットはお母さんにぴったりのサイズ。韓国にないデザインだからと、自分用のジャケットと共に2着も購入していかれた。

この間話したのは、「英語分かりますか?」と「お母さんのサイズは?」だけだった。あとはお客さんがカタコト英語で話すことに相づちを打ったのみ。

何だかまじないにかかったようだった。私の場合、こんな接客は修業と思って挑んだからこそできたようなもの。実際は喋りたくてうずうずしていたのだ。けれど、いったん口を開けば、これは良いものですと機関銃のように喋ったかもしれない。

いや、今日のテンションなら説得しようとしただろう。それが相手にしてみれば買って下さいと映るのだ。

考えてみれば本を書き上げて、それがよくできたと自信たっぷりでも、読者に向かってこれは本当に面白いんですと説明はできない。読みたくないものはタダでもいらないとなるし、義理で本を買う人などいない。

服や雑貨も同じだろう。興味のあるものを見つけて、それを買うかどうか、逡巡する間に立ち入ってはいけないのだ。

売れないと嘆く前に邪念を捨てる。

その日以来、今日はボチボチかなぁと心許なくなる時は、沈黙の人となって「売れる」「売れない」の波を漕ぎ抜けている。

お客さんの買ったもの、欲しいものを覚えておく

サロンであれ、レストランであれ、小商いの肝はお客さんが店から大切にされていると思えるかどうかだと思う。さらに言えば、大切にされたいから店の扉を開けるのではないだろうか。

好きで通った小さな店は、イギリスでも日本でも店主が驚くべき記憶力で、「あ、それはこの前、色違いを買われましたよ」などと、私が買ったものや、好みなどを覚えていてくれる。客の立場としては、こちらのことをちゃんと分かってる、もしかして自分は特別な顧客なのかもしれないと嬉しくなる。

いつも来て下さりありがとうございますと言われるより、ずっと心に響く。

これは絶対見習うべきだと、私も売り上げ帳にお客さんの購入されたものと共に好みの色、デザイン、リクエストなども書き残すようにした。

「小さな英国展」が始まったばかりの頃、パリと日本を拠点に活動するデザイナーさんのタイツ「クリボテラ」を販売した。ブランド名だけをブログに書いたのではお客さんの頭に残らないだろうと、ラメ糸に透かし模様が入ったピンク色のタイツを「パ

リのおもかげタイツ」と勝手に命名した。

するとブログを読んで会場に来てくれたお客さんの一人が、最後の一つになったタイツを手に取り、「パリのおもかげタイツだ！」と言って購入された。こちらが考え出したネーミングを覚えてくれていたことが嬉しく、そのことを書き留めておいた。

何年も経って、そのお客さんがよろず屋に来て服を選んでいらしたので、「前に買われた『パリのおもかげタイツ』に合わせると素敵ですよ」と声をかけた。するとお客さんはびっくりされて、「たくさんお客さんがいるのに、私がずっと前に買ったものを覚えてくれていたんですね」と喜んでくれた。

また、あるお客さんは、自分の足は外国人並みに大きく、靴探しに苦労していると言った。サイズを伺い、これもメモを残した。しばらくして展示会でポルトガル製の柔らかなショートブーツを見つけた私は、靴を探されていたお客さんのことを思い出した。来店されるか分からないが、大きなサイズも入れてみた。ソールも2つに折れてくっつくくらいに柔らかい上物だ。

余談だが、0・5cm刻みでサイズが分かれる靴の仕入れはリスキーだ。一番出るのはMサイズの23～24cmで、より小さいもの、大きなものが残った場合は、シンデレラが現れるまで在庫となる。靴の場合、服のようにダボっと着ればいいなど柔軟性がないのが悩みどころ。

さらに言えば、服や雑貨の仕入れ金額、つまり卸値は売値の8割～6割と幅があり、仮に1万円の商品を販売すれば、儲けは2000円～4000円である。

ところが、割引サービス、カード手数料などを差し引くと、700円～2700円ほどの利益しか出ない。そこにもってきて、靴の場合は関税が高いせいか仕入れ値も高く、利益はほんの少し。

Tは、そんな大きなサイズを入れて、売れ残ったらどうするんですかと言ったが、腹をくくった。

こういう時の伝達はなぜだかうまくいくものだ。靴を探していたお客さんはブログを見て来店され、自分サイズのショートブーツがなぜここにあるのと、喜びつつも不思議そうだった。

商品を仕入れる時、イギリスでも日本の展示会でもお客さん一人ひとりを思い浮かべる。「今度、○○を入れて下さい」とリクエストをいただいたなぁ、など思い出しつつ色やサイズを選ぶ。ご要望は幅広い。いずれも予約注文ではなく、こんなものあればなぁ程度のリクエストだ。

「よろず屋に下がっているのと同じレースのカフェカーテン」「足首まで隠れるシルク素材のワンピース」、中には「ユニオンジャックがたくさん付いた撥水性のレインコート、傘とお揃いで」など、かなり難易度の高いものもある。

そして頑張って探し出し、商品を入れても、たまたま一番乗りで来られた別の方の手に渡ることもある。「これいいわね」と買っていかれ、所望されたお客さんは買い逃される。私たちの話から欲しかったものが入荷していたと知ると、「今度はいつ入るの」と、残念そうだ。

それでも、お客さんのリクエストの品を入れたら、すぐ売れたんですよ……と話すと「そうでしょう。今後もああいうものを入れるべきよ」と、まんざらでもない様子だ。

こんな仕入れは、複数人のスタッフで回転させる中型店、大型店であれば難しいことかもしれない。個々の需要に添うよりも、不特定多数が求める売れ筋に特化しなければ会社は維持はできない。

お客さんとのやりとりを覚えておいて仕入れを起こす作業は、50代で始めた小さな店だからできること。若い時に店を持ったら、手に負えないと投げ出したかもしれない。

買いたい動機は100通り

買う動機は人それぞれ、十人十色だ。お客さんは様々な思いから買い物をされる。

まず、直球タイプ。他では手に入らないイギリスの工房で作られた服が欲しい人。ツイッターやブログを見てこられ、試着しつつ、「似合うかしら」と思案されるが、心の中では買うと決めている模様。

色やデザインなど、心の琴線に触れる何かが、服に宿っていたのだろう。「こんなのが欲しかったのよ」と言われると、嬉し過ぎてひれ伏したくなる。

仕事や人間関係でムシャクシャしているから、服を買って気持ちを立て直したい人もけっこう来て下さる。こんな方は、お客さんがいない時を見計らって来られる。買い物と同じくお喋りをしたいのだ。

こういうお客さんに、どちらかといえば口下手なTは、話を聞いてくれる、信頼できる人という印象を持たれるようだ。「売る気があるのか」と見える消極的な態度が店ではプラスになる。小商いで最も大切なのは、調子よく喋ることではなく、信頼を得ることだから。

気の置けないTとのよもやま話は、気持ちが晴れ晴れとするらしく、Tの出番の日は買い物ついでに、喋りたいお客さんが次々と訪れる。

よろず屋のルーツ、イギリスの商店（ヴィレッジストア）では、卵や牛乳を買ったお客さんが店主と世間話に興じていた。よろず屋もそんな店を目指していたから、いい傾向だと思う。

娘さんに何かいい服でも買ってあげたいというお母さまも少なくない。

ちなみに母娘さんの二人組は「ママも一緒」の意味から「ままも族」とも呼ばれるそうだ。サロンから買い物まで、気兼ねなくお金を出してくれるお母さん付き。「ままも族」は、アパレルの店員さんにとって顧客ランク上位だという。

大人になっても娘に何かしてあげたい気持ちはよく分かる。店に来る娘さんたちは、「本当にいいの」と遠慮しつつも、お母さんおすすめの服を買ってもらい、仲睦まじく帰っていかれる。

これ以外で多いのが、「買うつもりがなかったのに買ってしまった」という衝動買い。たまたま入った店で目に飛び込んできた服に心を鷲づかみにされるケースだ。「わー、この店の前さえ通らなければ」とおっしゃりつつ、「買います」と「清水の舞台」から飛び降りる。

ボーナス払いでも分割払いでも、欲しいものが手に入った喜びは例えようもない。お客さんをとらえた服の魅力はどこにあったのか、帰られた後でじっくり考えたりする。

思えばよろず屋で扱うものは主にイギリスからやってきた服や雑貨。いわばコーヒーやケーキと同じく嗜好品で、何が何でも今すぐ買わなきゃいけないものではない。食器やアクセサリー、コートやセーターだって女性はいくつも持っていて、すでにある服の処分に頭を悩ませる。

それなのに買ってしまう。

新しいものを迎えることで、生まれ変わったような新鮮な気持ちになれる。これも立派な動機の一つだろう。

新しい服を迎えると、クローゼットの整理でもしようかと重い腰を上げる。買い物は日常の新陳代謝を促進するカンフル剤かもしれない。

そして自分で言うのも何だが、私に服を見立ててもらい、私から服を買うことが目的の方もいる。

「あなたがおすすめなものを全部買うから選んで」と言われたこともあった。

ずっと昔に駐在していたイギリスで購入した服を引っ越しで処分し、悔やんでいるため、代わりを選んでもらおうと店に来られたらしい。このお客さんはイギリスの服を着ることで、駐在時代の幸せな思い出に浸りたいとおっしゃっていた。

そこで私が選んだものは、どれもイギリスを象徴するようなローカルプロダクツ。ハードなジェイコブ羊毛を織り上げたシェットランドツィードのコートドレス。そしてタータンを彷彿させるカラフルなチェックのスカートだ。

「ロンドンにいた時、こんな服ばっかり着てたわ」と、鏡に映った自分の姿をじっと見ていたお客さんは、本来の自分に戻ったようだと、柔らかな表情になった。

遠い昔のロンドンを思い返しているのだろうか。

私自身、買い物は大好きだし、これだと思う服を手に入れた時は、素晴らしい景色を見たり、美味しいものを食べる以上の高揚感がある。

夜、買った服を広げたり、タグの裏表までしみじみ眺めるのも至福の時だ。この服を着て働く姿、旅する姿、帰省する姿と、色んな場面を想像するだけで、よし！明日も頑張れるとエネルギーがみなぎってくる。

服の力は本当に侮れない。

だから店に来るお客さんの気持ちはよく分かる。服を買う動機が人それぞれだということも。その服を着るたびに買って良かったと思えるなら、それは浪費ではなく、幸運を手に入れたことかもしれない。

理不尽なクレームには沿ってみる

店を始める時、「信用は一瞬にして崩れる」という父の言葉を思い返し、クレームだけは出すまいと気持ちを引き締めた。

団体競技である会社は、組織という厚い壁に守られている。例えるなら頑丈なベンツと軟弱な軽自動車。もちろん個人商店は軽自動車、追突されたらアウトである。ネット社会の今、何が怖いって、あることないことネットに書き立てられ、SNSで拡散されることだ。食べログなど見ていても酷評の書き込みに対して飲食店さんが事情を説明したり、詫びたりされている。私のようにネットに疎い店主さんであれば、何もできず言われっ放しとなるだろう。

クレームをどう解決するかは、お客さんとの距離感、人間関係によるところも大きいかもしれない。店の姿勢がオープンであれば、お客さんは不満を溜めず、言いたいことを言ってくる。二度と来ない人もいるかもしれないが、ネットに書き込みとはならない気がする。

私にもミスはある。

まず、たくさんの商品を購入された方への袋の詰め忘れ。紅茶が入ってない、本が入ってなかったなど後で気が付き、連絡先を調べたり、SNSで呼びかけたり。住所の分かる方には詫び状を入れて宅配で送り届ける。

失態に気付かず、お客さんから連絡が来たこともある。こんな時はご迷惑をかけたとひたすら謝り、Tがご自宅まで商品を届けたこともあった。

こんな素人の私たちが何とかやれているのも、よろず屋のお客さんが寛容だからということが大きいが、そこに甘んじてはならない。

クレームにならないよう、会計中は「間違えるから話しかけないで下さい」とお客さんにお願いすることもしばしば。品物を渡す時には、点呼のように「セーター1枚、靴下2足……」と読み上げ、確認をする。

地元でカフェをされているある店主さんは、レジの打ち間違いと、コーヒー代60万円也のレシートをツイッターに上げていた。ここまで開けっぴろげだと、凡ミスもご愛敬と、クレームどころか親しみがわく。

2か月に一度の店ゆえに、販売後のクレームにも気を配っている。

購入前のお客さんには商品の素材や、服なら洗濯できるかどうか、縮まないか、チクチクしないかなど、できる限り商品の説明をする。なぜかといえば、服を買うお客さんの何割かは試着しないで買う「見れば分かる派」だから。

よろず屋で作る服はM、Lの順に売れていき、ワンピースなど売れ筋は、小さなサイズが残ってしまう。恰幅の良い方に、それでもこのワンピースが欲しいと言われ、試着をお願いする。だが、ほとんどの方が「見れば分かる、着れるわよきっと。入らなければ飾って眺めるからいい」とおっしゃる。

その言葉通り、「見れば分かる派」の方々からは、これまで一度も返品・交換はない。とはいえ、こちらも気になる。再訪された際、どうだったか尋ねると、「あの服が着られるようにダイエットするわ」と返され、ようよう心配の種も消える。

こんなこともあった。

雪がちらつく冬の日、遠方から訪ねてこられたお客さんのことだ。ありとあらゆる服を試着され、数時間にわたって「これこそ私が欲しかったものだ」と熱く語って下さった。最後は私が巻いていたストールも欲しいと、閉店前に大荷物で帰られた。百貨店の英国フェアでまとめ買いは珍しいことでもなかったが、なぜか気になった。

はたして翌日、同じ時間に再びその方が現れた。新幹線で来たと聞いていたのでびっくりしたが、手には昨日購入した大袋を持っている。それをレジ台にドンと置き、全て返品したいと言う。何があったのか慌てて尋ねると、「エネルギーの波動が合わない」と一言。

昨日とは真逆である。一体どういうことなのか。本当は買い過ぎだと旦那さんに怒られたのか。それともお金を使い過ぎたと後悔したのか。心中穏やかでないが、このために遠方から再び吉祥寺にいらしたのだ。その道中を思い、返金手続きをした。

この方のクレームは「エネルギーの波動が合わない」だが、何時間もかけて試着して決めたものだ。通常、個人商店ではこの手の返品は受けないところが多いが、この時はその方が良いと判断した。

このようなクレームの真意は計り知れず、お客さんに沿うしかなかった。

帰る頃になって、お客さんは再びいくつかの服を購入したいとおっしゃった。けれど私は丁重にお断りした。なぜ売ってくれないのかと憤慨されたが、「店は逃げませんから、2か月後開店の時に、どうしても欲しいと思えばまた来て下さい」と言った。

その言葉通り、そのお客さんは2か月後に再訪され、返品したほとんどの服を再び買っていかれた。今回は返品できないと伝えると、残念そうにお金を払い、その後店に来ることはなかった。

理不尽とも思えたクレームだったが、お客さんなりの、店や私へのアプローチだったのかもしれない。

よろず屋を始める前は、私も店を訪ね歩き、何かを買うことで行き場のない思いを消化した。それも買い物の効用に違いない。


理不尽なクレームには反発せず、沿ってみることで収まるところに収まる。若ければ杓子定規にできませんとお断りしたかもしれない。だが、年を重ねれば、受容することも苦にならない。なぜかは自分でも説明できないが、直感的な判断で受け入れると思えば、それはあながち間違っていないことが多い。

これも人生経験を重ねた今だから言えることかもしれない。

column ＋ 大人のおしゃれ　さじ加減

店を始めて服を仕入れたり、お客さんの試着に立ち会ったりするうちに見えてきた、大人にとって快適な服のカタチ、おしゃれのコツをご紹介します。

良いカットソーは生涯の友

店に立つ以外、編集業務はTシャツかカットソーが中心。

あれこれ買ったけれど、捨てられないカットソーは、肌触りの良い上質なもの。質の良し悪しは水を通すと、肌触りに差が出て、すぐに分かります。カットソーには旬があり、購入して1〜2年目あたりが最も気持ちが良く、形もきれい。

薄いガーゼを4層に接結した長袖カットソー（オールドマンズテーラー）は綿花を着ているようで、ほんわり温かく、冬はウールに匹敵。寝間着になっても生涯旬です。最高の肌触りに出会うことも、カットソーを探す楽しみなのです。

万能ウインドブレーカーはおしゃれの必須アイテム

服でなくてはならないのが、お手頃なウインドブレーカーです。ポケッタブルなのに、アウターの下に1枚着るだけで抜群に暖かく、厳寒のスコットランドではコートドレスの下に着るだけで風を通さず、セーター1枚分に匹敵する暖かさ。バッグに入れてもかさばらず、ネットに入れて繰り返し洗えるウインドブレーカーがあると「寒そうだからやめとこう」と、あきらめていた冬服が心配なく着れておすすめです。

60代からは被り物ワンピース

体重増加、お腹や二の腕を隠したい中高年にとって、楽ちんな服の代表格は被り物ワンピース。アパレルの売れ筋もゆるダボです。Aラインならバランスも取りやすく、ボリュームたっぷりのストールなど巻き物やスニーカーを合わせるだけで、おしゃれ度もアップします。

私自身、かかりつけ医からは、大きな服ばかり着ると、身体の大きな人（太っている人）になるよと、スリムな服をすすめられました。けれど体型を隠せるし、着脱も楽な被り物に勝るものなしです。太ってもやせてもサイズレスで着られ、長く付き合えるのもいい点です。

パンツは短めがいい理由

サルエル、クロップド、ペンギンと着丈の短いパンツは、大人の女性をチャーミングに見せてくれて私も大好きです。

エドワード朝のワイドパンツをアレンジした「Everyman Everyman」のエドワーディアンパンツも、足首が見えるクロップド丈。トイレなどでの上げ下ろしも丈が短ければ床に着いて汚れにくいので安心です。おすすめカラーは濃紺。白いシャツと合わせると、英国伝統のスクールカラーとなり、クラシックな印象です。

また白いパンツはどんな色も引き立てるため、トップスに迷った時の切り札にコットン素材を1着持っておくと便利です。

スカートに一番マッチするのはスニーカー

イギリスの個性的なプリントや生地で作る「英国テキスタイルスカート」の展示会で、なくてはならないのがタイツもしくはレギンスです。

スカートを楽しむポイントは「素足を隠す」こと。そして「スニーカーと合わせる」ことです。それだけで収まりが良く、見た目が全く違うと、パンツ派の方も驚かれます。よそ行き顔のストッキングにパンプスでは敷居が高いスカート。スカート専門店のデザイナーさんに教えてもらった裏技をぜひお試し下さい。

冬こそ足元はカラフルに

冬は日本人が大好きな黒茶灰カラーが増える時。ロンドンから戻ると、人の流れに色がないと感じます。この世界には美しい色が溢れています。まずは足元から色を加えてみて下さい。

ブロンテ姉妹が暮らした「嵐が丘」近くのキースリーに工場を持つWYS（ウエスト・ヨークシャー・スピナーズ）。地元の人を雇用してこの会社が作り出すブルー・フェイスド・レスター種の羊毛靴下は、カラフルな英国野鳥の羽根の色合いを再現。丈も少し長めです。チェリーピンクと黄のゴシキヒワ色、鮮やかなブルーと黄金色のカワセミ色など、足元にきれいな色がのぞくだけで装いが垢抜けます。

花柄、チェックなど柄ものとカラフルな靴下を組み合わせると上級、英国的な着こなしが誕生しますよ。

「スージー・ハーパー」のクラシカルなブラウス(P97)。幅広のアンティーク・コットンレース(P185)をストールがわりに巻いて

スコットランド・アイオナ島で作られた「アオスダナ」のシルバーバングルとネックレス(P184)

英国工房で出会ったもの

「ウォークリー・クロッグス」の木靴は、スカートにもパンツにも合う（P37）

「ラックス・ラックス」のアンサンブルとインナー（P37）

「スージー・ハーパー」の白いブラウス

ヴィンテージアップリケを配したリンダ・グレイのストール（P36）

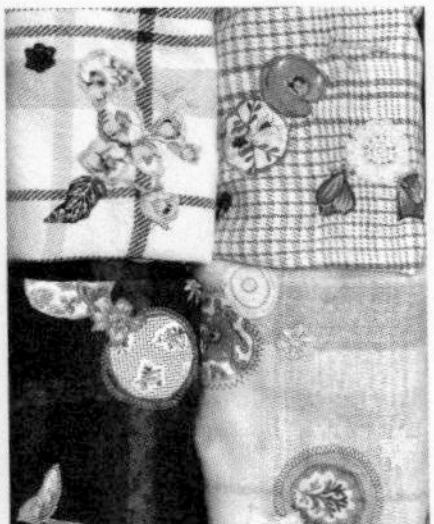

色鮮やかなニットは中高年のもの

イギリスのおばあちゃんの定番色といえば、何といっても赤。年を重ねるほど女性は明るく鮮やかな色が似合うようになり、くすんだ肌、白髪までをきれいに見せてくれます。もっと色を楽しみましょう。

毎年冬になるとデント村から届くボタンジャケットは朱赤（タイガー・オータムナルズ）、青（マラード）、グリーン（コサック）など、羊毛を染色して英国カントリーサイドの色を再現したもの。デザイナーが「イングリッシュカラー」と呼ぶオリジナルな色は、赤黄緑など三原色と並んで中高年女性を引き立ててくれます。

冬服はいい生地をまとう

服の価値は生地にあり、と気付いたのが40代の終わり。生地の良し悪しで印象が全く違います。若ければファストファッションとプチプラでおしゃれを楽しめますが、年を重ねるとそれなり、です。特に冬服は白日の下に晒すと良し悪しがくっきり露呈します。

ウール王国イギリスには上質なウールがたくさんあり、真夏以外、通年着られる薄いツイステッドウールからクラフト感あるツイードまで生地の宝庫。体型や流行に左右されないスタンダードなデザインを選べば出番も増えます。ちなみに私が手がけた「Everyman Everyman」のコートドレス、60年代ワンピースは全て一重仕立て。軽くて重ね着しやすく、手持ち服と重ね着すると、英国調の着こなしが楽しめます。

防寒よりボロ隠し　帽子は夏冬一つずつ

帽子は好きな人と苦手な人にはっきり分かれるようです。「私は似合わない」とおっしゃる方も多いのですが、メリットの多い帽子にぜひ挑戦してみて下さい。

まず、かぶるだけでおしゃれに見えるベレー帽。アンゴラ混など、やわらかいものならおさまりも良し。映画に登場するダイアン・キートンのベレー姿を見ると、かぶるだけでモード感がアップするお手本。ぜひ参考にしたいところです。ペーパーハットなど、つばが広めの夏の帽子も女性をフェミニンに見せます。リボンは細め、黒か紺ならクラシックな服と符合します。

乱れ髪、ノーメイクも帽子があれば大丈夫。帽子は無敵のボロ隠しでもあり、私にとっても必需品です。

英国テキスタイルスカート＆カットソー

スカートに一番合うのは
スニーカー（P176）

「オールドマンズテーラー」
のやわらかなボーダーTシャ
ツ（P200）

自ら飼う羊で作った、マリイ・
ベルのモヘアソックス（P37）

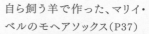

小鳥の羽根色ソックス&帽子

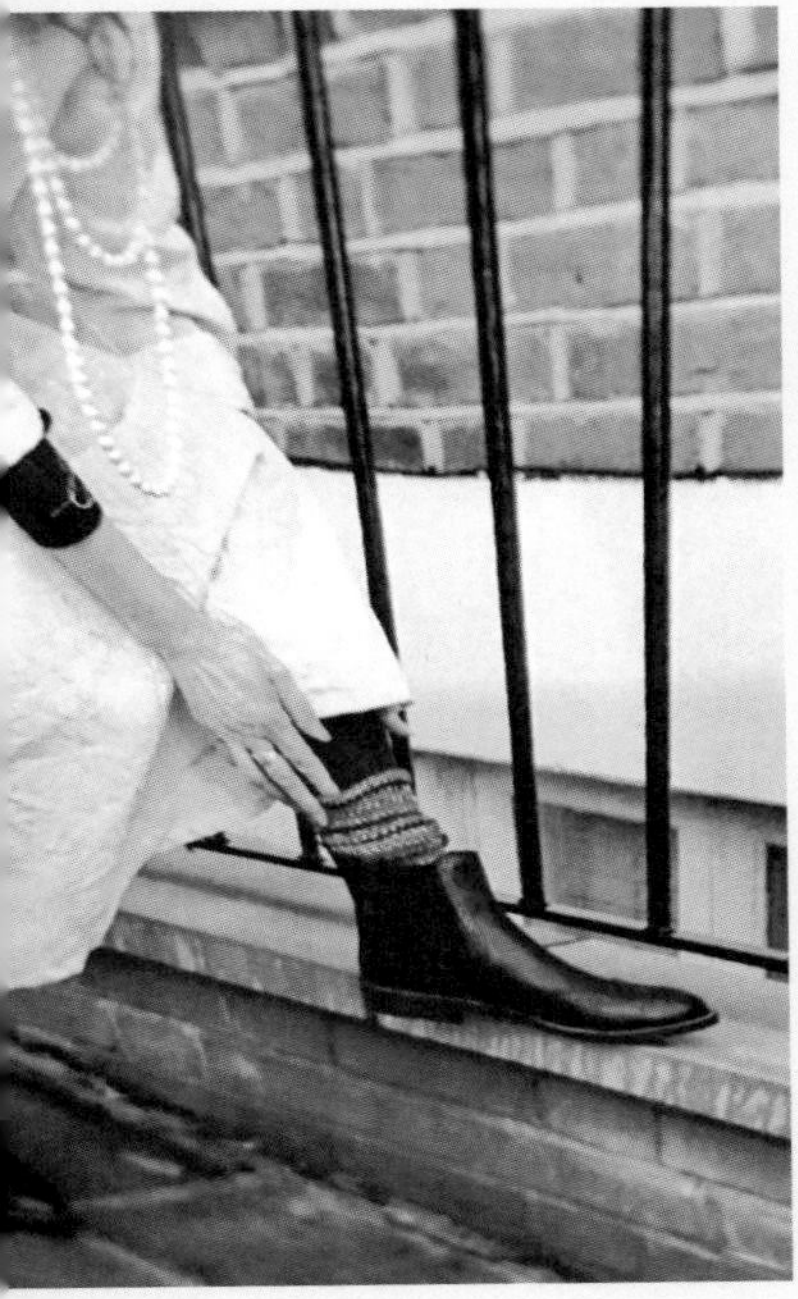

野鳥の羽根色を再現した「WYS」のカラフルな羊毛靴下(P177)

お手本にしたい、ダイアン・キートンのベレー姿(P181)

ジュエリーは歴史性、神秘性のあるものを

スコットランド・インナーヘヴリディーズ諸島の小さな島、アイオナ島で作られたジュエリーを20年以上使っています。旅行でたまたま出会ったのですが、「アオスダナ」のシルバーバングルは着けやすく、錆びにくく、メンテナンスしなくてもずっとピカピカです。

またケルティックな文様のネックレスは、キリスト教伝来の島、アイオナ寺院の聖句やセント・コロンバの帆船など、歴史や神秘がデザインモチーフ。バングル、ネックレス共に「925」の刻印は英国品質、スターリングシルバーの証です。

ゴールドに比べシルバーの輝きは服を選びません。普遍的なデザインは、着ける人を知的に見せてくれるから不思議です。

アンティークは部分使いがベスト

イギリスのアンティーク、ヴィンテージの服が大好きです。生地やボタンにつられて購入しますが、バストがダブついたり、縫い目がほつれていたりとリメイクは必須。結果的に高くついてしまいます。

手頃にアンティークを楽しむなら部分使いをおすすめします。たとえば幅広なヴィクトリア時代のコットンレースが1本あれば、手持ちのセーターやカットソーの上からストールのように巻くだけで、アンティークな雰囲気が加わります。軽量が基本の中高年のおしゃれにもピッタリのアイデアです。

「お高い服」の元を取るには

服が大好きな私ですが、値の張る服は「もったいない」となかなか着ない傾向にありました。「シミを付けたら」とか「肝心な時のためにとっておこう」と、タンスの肥やし予備軍に。

高価な服の値段は20年（残りの活動期間）×12か月（毎月着るとして）＝240回で割れば怖くない。そう提唱していたのに、買ったはいいが、着る段階で躊躇していたのです。これではムダと思い直して、お気に入りの特別な服を次々棚卸し。元を取ろうと着ています（スーツ類は夏冬一点ずつを残し、年下の友人、知人に譲り、活用してもらっています）。

毎日贅沢だなと思いつつ、次はどれを着ていこうかと画策。次第に特別だった服が身体に馴染んで、着ることに躊躇がなくなりました。

スコットランド製のカゴ(P137)

ヨークシャーの羊ブランケット(P201)

北アイルランドのコットン、
グラスクロス(P146)

手編みのアクリル
たわし(P123)

精油入りのエコ
洗剤(P140)

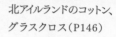

英国の美味しいもの

ウェールズのリンゴジュース（P125）

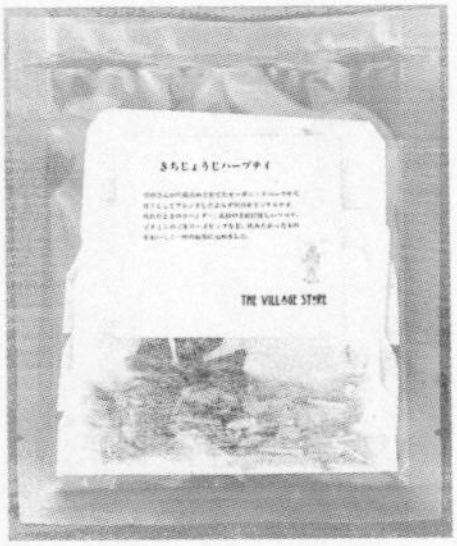

よろず屋オリジナル「きちじょうじハーブティー」（P133）

英国在住の菓子研究家による花びらのようなカップケーキ（P125）
©ギャンブル五月

「カメリアズティーハウス」の紅茶（P129）

「リーズ・オブ・ケイスネス」のショートブレッド（P126）

服の価値が分かるのは、買った時ではなく、ある程度着込んでからだと思います。高い服の元を取るには、特別な日↓通勤（お出かけ）↓普段使いに降格するまで着続けること。服も道具も着たり使わなければ、どんなに安く買っても価値はゼロなのですから。

8／店を始めて分かったこと

どんなものもいつか売れる不思議

店を始めて1年経った頃から様々な発見があった。ゆとりなど全くなく、会社と家の往復だった頃は、店を巡るだけでどれだけ刺激を受け、癒されたことか。だが、立場が買い手から店側になったことで、見えなかったものが見えてきた。ここで書くことは商いの内輪ごとのようでもあるが、もしかしたら、日々のお買い物がもっと面白くなるかもしれない。

まず、店にはずっと売れず、悩みの種になるものがある（一般には不良在庫と呼ばれるものだ）。

そのようなものは、①置き場所を変えてみる ②値札に商品説明を書き足す ③価格

「英国フェア」に現英国首相ボリス・ジョンソンが来店（P68）

お話し会「よろず屋学校」で満席になった店内（P109）

元BBCアナウンサー、セリーナ・スコットの靴下（P102）

吉祥寺でイギリスのクリスマスを再現(P222)

クリスマスプディング
(P227)

クリスマスマーケットの目玉に用意した
アームウォーマー。ツートンカラーやア
ラン編みなど色柄とりどり(P226)

を下げるの順に手を打つ。

あれこれやってみても売れないと、「あそこはいつまでも売れ残りを出して」と思われないだろうかと心配になる。

だが、そうこう考えるうち、案件と思っていたものが奇跡のように売れてゆく。よろず家では現在も倉庫に、いわゆる売れ残りはわずかしかない。これは不思議なことだ。

忘れられないのは、古いマトリョーシカのスパイスセットのことだ。白い陶器の人形に藍色で顔や服を描いたトレイの上に並ぶヴィンテージもの。ところが検品したTがフタがない、実際に使えないと気付き、慌てて価格を下げた。

その後、アンティークコーナーを経て、1年後にはケビント棚の脚元、人目につかない店の奥へと追いやられた。価格も確か1000円以下になって。

余談だが、「ご自由にお持ち下さい」と書かれた無料の食器と、1個100円に値下げした食器がある場合、お客さんの興味を引くのは明らかに後者の方だ。無料のものは「ガラクタ」で、少しでもお金を払えば、「安くで購入できたお得な品」となるのも興味深い。

さて、問題の陶製マトリョーシカだが、ずっと売れ残り、もう、私が引き取るしかないかなぁと思っていたところ、服を見に来られたお客さんが足を止め「かわいい！」と褒め始めた。顔立ちに愛嬌があると。

Tがこわごわと、それはフタがないからスパイスは入らないなどと口を挟むも、「部屋に飾りたい」と買っていかれた。

ありがた過ぎて私は深々と頭を下げた。


店を始めて不思議なのは、この「どんなものもいつか必ず売れる」という現象だ。

私の大好きなセレクトショップにも苦戦していると思われるジャケットがあった。セールに出したり、価格をさらに下げたりしながら、それはずっと店の端に出ずっぱり。二度目の冬もセールにまぎれ、三度目の冬の終わりに消えていた。

出していればいつか売れることを、あの店主さんも知っていたのだろうか。

店には稀に3年待ってもお嫁に行けない服もある。

英国テキスタイルスカートにまぎれたド派手なスカートもその一つだった。イギリスで選んだたくさんの生地から少しずつ作るスカートは、小花模様、ドットなどの幾何学模様と、クラシックかモダンアート路線が中心だ。

この中にどういうわけかサンバ気分なラテン風デザインの生地がまぎれていた。英国テキスタイルだし、どうにかなるだろうと仕立ててみたが、案の定、派手過ぎて売れ残り、いよいよお蔵入り寸前だった。

店の雰囲気にそぐわないと最後はTが文句を言い出し、倉庫に持っていこうとしたところが、これも一目惚れで解決。若い女性が「素敵だわー。音楽会に着ていきたい」と、購入されたのだ。


惚れ込んで仕入れたジャンパースカートのことも忘れられない。英国の作家が手掛けたもので、ポケットの大きい直線裁ちの服だ。

2年越しで展示していたが誰も見ないため、店の隅に袋に入れて吊るしておいた。するといつも来て下さっているお客さんが袋を触り始め、「これを見たい」とおっしゃった。鏡の前でそのジャンパースカートを当てた後、とてもいいデザインだ。ずっと着られそうだと、大満足で買っていかれた。

このような経験を積み重ねると、「売れる」とは何だろうと考えてしまう。有識者は「ファッション商品というのは、単品完成度が高ければよいというわけでなく、店舗、視覚ディスプレイ、接客の3つがセットとなって世界観をかもし出す」と言うが、これまで展示してあった服がビニール袋に入っただけである。

どんなものもいつか売れていくのは、ある種、理屈にならない、人とモノの縁のようなものではないかと思索する。イギリスには「あなたが捨てるものは、誰かが必要としているモノ」という言葉があるが、ものと人の関係を言い得ているとつくづく思う。

売れ過ぎた後のしっぺ返し

小商いには不思議な波がある。店を始める前のことだが、どんなものも並べるだけで飛ぶように売れた百貨店の「英国フェア」の後は、吉祥寺の「小さな英国展」でもレジに長い行列ができて、倉庫に走っては追加を繰り返した。大阪の売れ方はなぜか東京に伝染する。

店を開いてからも、この不思議な現象を何度か経験し、一体どういうことだろうと考えたが、ヒットにつながる新製品があるわけでもなく、その年のムードとしか言いようがない。

この売れ過ぎる現象だが、その時は良くても好きなことを長く続ける上では、結果的に障害になることも知った。というのも、いったんものすごく売れた体験をすると、ちょっと客足が途絶えただけで不安になり、自信が揺らぐ。「まだ在庫がある。おかしい」と独りごちるが、帳簿を見るといつものペースなのだ。

冷静に考えてみれば、百貨店の催事であれ、吉祥寺の店であれ、売り上げ目標をクリアできればそれでいいはずだ。それなのに、売れ過ぎた後は「たまたまロングコートが流行っていたから」とか「接客の上手い助っ人がいたからだ」と自己否定にかかる。これは思いの外いい結果が出て、それに追従しなければと、成功に縛られているからだろう。

すでに書いたが、開店景気の洗礼後、この成功体験を追い払うのにとても苦労した。

売れ過ぎることに警戒しなければと思ったことはまだある。

本来自分が目指したことと方向性がずれてしまうことだ。会社を経営し、本を書き、多忙な日々を送っていた頃は、好きなものに囲まれ、地元でのんびり店をやりたいと切望していた。それは有名店になることでも、身に余る利益を追求することでもなかったはずだ。

それなのにちょっと売れると欲も出て、やらなくていいことに手を出してしまう。振り返れば、あれがそうだったかもと思い当たる経験がある。


好調な店の様子を某有名百貨店さんがリサーチされて、よろず屋の商品を取扱いたいと申し出があった。当時は卸し販売という経験もなく、躊躇もあったが、メジャーデビューのようで、少しだけならいいかと承諾した。

その百貨店さんが求めたものは、イギリスから届いたボタンジャケットやハムステッドで製作したコートドレスなど、よろず屋の主力商品で、百貨店の特別コーナーで販売するとのことだった。

ところがふたを開ければ結果は今一つ、売れ行きにいつもの勢いがない。変だなと現場の写真を見せてもらうと、イギリスからやってきた唯一無二の服たちが、きらびやかな百貨店アパレルの陰で鳴りを潜めている。

そこには服ごとに作るパネルもなければ、熱い語り部もいない。明らかに場違いの印象だった。売り場の組み立てなど、大切なことを先方任せにして、わが子に辛い思いをさせたと、大いに反省。

考えてみれば、個人商店の場合、メディアが注目し、店主が頻繁に露出するようになると、いつの間にか百貨店に売り場ができていたりする。ショップハンターのごとき、百貨店の戦略会議に参加すると、そこには驚くほどの人気店の最新情報が集まっていて、町の商店に白羽の矢を放つべく準備されている。うちもその一つだったかは分からないが、不発に終わった。


お世話になったインナー製造会社の若社長には「僕ならロゴ作りから売り場のデザインまで、ブランディングに関わることは、全て確認するのに」と、ダメ出しされた。有名百貨店のポップアップを何度も成功させた若社長から見れば、全てを百貨店にまかせた私のやり方は、自社ブランドを大切にしない、丸投げ商売。何を言われても仕方ないと反省した。

好調な数字に振り回されるのはやめよう。

どんなに良い結果が出ても、それは恵みのボーナス。年の初めであれば一年分の家賃がたまった、貯金できて良かったと思うにとどめる。その方が、ずっと穏やかに店を続けていけそうだ。

天気、テレビ…理屈より気分で人は買う

畑を耕す人が恵みの雨を喜び、漁師が海のシケを警戒するように、店にとって天気予報は見過ごせない。客商売とはそんな泥臭さの上で成り立っているものだと思う。

出版の仕事をしていた頃は、天気予報にはほとんど縁がなかった。しいて言えば、家を出る前、洗濯物を外に干すかどうか迷った時に調べる程度。基本、室内で机に向かう仕事なので、撮影以外は天気に無頓着でいられたのだ。

それが店を始めて一変した。

桜が咲き始めた3月、週末は雨が降ると、営業中にTがため息をついた。私は慌て

て6月の梅雨時に販売しようと考えていたウォーキング用の撥水性ビニールコートと雨靴を店に並べた。週末になり天気が崩れると、それらはたちまち売り切れた。

せっかく6月の目玉に仕入れたのにとTは不満そうだったが、不定期オープンの店だ。その時に雨が降る確約などない。

レインコートを持ってないからといって、晴天の日にレインコートをわざわざ探すだろうか。傘があるから別に買わなくてもいいと、日避けの帽子を買ったりするものだ。猛暑の夏が来る頃になると、開店する1か月前から天気予報を何度も確認して、高温予測が出ると、シルクやインド綿などの軽い素材の服を集める。

商品だけではない。店で私たちが着る服は、その時販売するものを必ず一つは身に着けるが、これも天候にあわせて選ぶ。

定番のハムステッドワンピースを年中着ている私は、暑くなれば薄いスイスコットン素材で仕立てたものに切り替える。一方Tは、イギリスの海辺の町で縫製されるワーク系白パンツに、「オールドマンズテーラー」のボーダーTシャツを夏の店着とする。

初夏になると登場するこのTシャツは、細い糸を織り上げ、ガーゼのように優しい肌触りが評判が良い。「接客用だから汚せないんです」と、シミ抜きをしたり、洗っては店でアイロンをかけて、同じ服を着続ける痛ましい努力には頭が下がる。

彼はうちの服は日本一だと盲信し、自分が着ているからこのTシャツは完売すると豪語する。

アパレル業界を渡り歩いた人なら、50近くになって、こんな物言いはしないだろうと思う。ところが毎回、彼の服を見て、同じものが欲しいと買っていくお客さんがいる。人が着ているものは良く見えるというが、売りたいものを着ることは、男も女も関係なく大切なことに違いない。

さて、天気の話に戻るが、地球温暖化の影響でこのところ暖冬が続いている。デスクワークであれば暖かくて良かったとなるが、店をやっていると売り上げがガクンと下がり、痛手となる。コート、セーターなど、イギリスならではの保温力の高いウール系がそっぽ向かれるからだ。

だから、天気予報で低温注意報が出ると、もうガッツポーズ。防寒商品の羊毛ソックス、スヌード、ヨークシャーの寝具店が作るブランケットをありったけ倉庫から引っ張り出す。

店の作りもそっくりモコモコ系に変えてしまう。さらに雪予報が出た日には、東京では暑過ぎると敬遠されるハード系ニット、ガンジーセーターも展示する。
ありがたいことに、羊毛靴下やブランケットは、夫に、子どもにもと、家族の分まで買っていく人が多い。寒さイコール風邪をひくという日本的な発想が関係しているせいか。

売れることは嬉しいことで、秋の初めには寒さが続きますようにと祈るが、売れ過ぎると今度はクリスマスまで在庫が持たなくなる。開店2年目までは在庫調整がうまくいかず、セーターなどニット類が品薄になった。慌ててあちこちの工房にメールを送ったが、「今は無理」と相手にしてくれない。

それもそのはず、10月〜12月の3か月間、イギリスの工房ではクリスマス繁忙期のピークとなり、マイペースのイギリス人が、人が変わったように働き始め、ホリデーシーズンと同じく、連絡が取りづらくなる。
時差があるため夜7時になると、工房や携帯に電話をかけ続け、つながれば追加を頼み込むが交渉は難航、「クリスマス用の予約だけで、こっちは毎日遅くまで働いているのよ」と、ストレスをぶつけてくる。

困り果て、ブランケットなら店頭在庫があるはずと、ヨークシャーにあるウールメーカーのオーナーに泣きついたこともある。

セミダブルベッドのカバーにもなり、ニューウールが450gも使われた肉厚ブランケットが欲しいと。

「動物柄のブランケットは、クリスマスや大学進学祝いに必要なんだよなぁ」と言いつつも、彼はスタンフォードの店から数枚在庫を送ってくれた。冷え込む夜が何日か続くと、「毛布まだありますか?」と駆け込み需要も出て、在庫もあやしくなる。

こんなことなら、もっと大量に仕入れるべきだった。

それ以来、長い時間をかけて作る湖水地方周辺やスコットランドのニットは、売れ残るリスクはあるものの、寒さが厳しい冬のためにと、多めの発注を心がけている。

長くなったが、売り上げは天候によって左右され、お客さんの買いたい気分も、それに大きく影響される。

テレビもそうだ。見たばかりのテレビの番組も、買い物気分に大きく影響する。

スコットランドのキルトメーカーを紹介した『ソーイング・ビー』(NHK)が放映された直後は、店にあったタータンのスカートが一つ残らず消えた。私はこの番組を見ていなかったが、買われた方が「『ソーイング・ビー』でやっていた」「番組で見たタータンが欲しい」と口を揃えるため、これはテレビ番組の影響なのだと分かった。「せかほし」こと『世界はほしいモノにあふれてる』（ＮＨＫ）でアンティークのカップ＆ソーサーを紹介した時には、ティーカップだけでなくヴィンテージの皿やカトラリーまでが売れた。

テレビや映画を全て調べて準備することはできないが、その影響は計り知れない。服や雑貨は必要に迫られて買う家庭用品とは違う。人は理屈ではなく、その日の気分で買い物をする。これも店を始めなければ分からなかったことだ。

メディア露出の効果は

かつての自分は、店を有名にするには情報誌に出るのが一番だと固く信じていた。金字塔の「Ｈａｎａｋｏ」吉祥寺特集。「散歩の達人」「オズマガジン」など街歩き系媒体で紹介されること。それが吉祥寺で店をやる王道だと。

だが、すでに書いたように、有名媒体に紹介されたとしても、売り上げに結びつくかは疑問だった。

そんなわけでメディア露出は数えるほどしかないが、テレビで紹介された時のことは忘れられない。

店を始めて間もない頃、幻冬舎の専務取締役、石原正康さんから突然電話があり、ご自身の番組『ザ・インタビュー　～トップランナーの肖像～』（ＢＳ朝日　現在は終了）に出てほしいと言われた。石原さんとは本の仕事も含め、知り合って30年以上たつ。これまでとてもお世話になった方だし、私自身のことだからと引き受けた。

出会ったのは、まだ会社を起こしたばかりの20代。ワンルームマンションで数名のスタッフとワイワイ雑誌を作っていた黎明期だった。

当時、私は山田詠美さんの大ファンだったことから担当編集者の石原さんにインタビューし、その縁で山田詠美さんにも何度か誌面に登場いただいた。

さて、番組収録は店で行うことになり、石原さんと約1時間対談した。聞けばその番組は、土曜日の夕方6時からの放映という。

久々お目にかかる石原さんは、相変わらずおっとりして、お互い変わりませんねと、茶飲み話のようにこれまでのこと、お互いの住まいのこと、店のことなど、たくさんの話をした。とても懐かしく、やっぱり〝ハロー青春〟だった。

後日、放映された番組を見ていると、イギリスの木靴やリッポン大聖堂のベンチを解体して作られたテーブルなど、店の隅々までが映し出されていた。手前みそだが、その佇まいはイギリスのヴィレッジストアさながら。若かりし頃のキラキラした思い出と共に胸に刻まれた。

ところが、幸せな気分に浸ったのも束の間、番組が放送された直後の開店日には、大勢の人が店に詰めかけてきた。

「テレビを見ました」「お久しぶりです！」など、新旧入り交じったお客さんで身動きが取れない。ずっと前に、英国ツアーに参加された方々まで来てくれた。

その数は時間とともに増え続け、買い物をする人、単に店を見たい人、テレビについて話をしたい人で店内は大混乱となった。

テレビの威力恐るべしだ。

この盛況ぶりに興奮した手伝いのパートさんは、「これからはもっとテレビに出ましょうよ」と言った。けれど、これはどう見ても一過性のプチブーム。店と私を見れば満足と帰っていく人もかなりいたし。

案の定、2か月後の営業日には、何事もなかったかのように客足は元のペースに戻っていた。店の告知という点でテレビの瞬発力はものすごいが、継続はしないと身をもって知った。

その他、ムック本や女性誌の「暮らし」や「おしゃれ」の特集絡みで店を紹介いただくこともあったが、○○○に紹介されたんですよと、手前みそに伝えるだけ。それによって山が動くとはならなかった。

こうしたいくつかの経験から、一番確実に集客につながるのは、店が発信するツイッターやブログだと分かった。自分の言葉で綴った文、自分の感性で撮影した写真は、同じ世界を求める人への訴求力が強いし、事実、お客さんの来店につながっている。イギリスのクラフトや手作りの服を求めていた人、本や雑誌でイギリスの情報を求めている人を、磁石が砂鉄を集めるように呼び寄せてくれたのだから。

考えてみれば、私の店は不特定多数の人ではなく、究極に言えば100人のお客さんに喜んでもらえれば成り立っていく。テレビに出たり、雑誌に紹介されなくても、ツイッターやブログに目を留めて、訪ねて下さる方の一人か二人が店を気に入り、繋《つな》がって下されば維持できる。価値観もライフスタイルも相通じるところがあるから、私の視点で探し出した服や雑貨や菓子を、面白がってくれて運営のヒントになる言葉をくれる。

もちろん、メディアの力を借りて裾野が広がることは嬉しいが、店の原点はまず100人の方々に向けた小商いだ。

そう気付いた瞬間から、あれこれ思い悩むこともなくなった。

9／60代、好きなことでも未来は決めない

店の一日

これまでは朝出社すると、机に積み上がった書類や手紙に目を通し、電話をしたり、スタッフに指示を出したり、気が付けば早やお昼、のパターン。大勢の人と働くことは、自分の仕事に取りかかるまでの「前座」が長い。

それが店になると、1から10まで100％店のため、お客さんのための仕事となる。店の一日は何もかもが非日常で、何年経っても開店前日は、ハラハラドキドキ落ち着かない。まずは出版業から気持ちを切り替えるのだと、初日は朝早くから店に行く。

店に着くと、まず掃除。掃除機をかけ、隅っこにたまったほこりを拭き取る。特に羊毛製品が多い冬場は、綿ぼこりがあちこちに飛び散るから拭き掃除は欠かせない。

念を入れるのは、試着室の清掃と消毒。男性では気付きにくいほこりや鏡の曇りなどもエコ洗剤で丹念に拭き上げる。

それが終わるとディスプレイを確認する。お客さんになったつもりでドアを開け、商品が見やすいか、手に取りやすいか、値札に間違いがないかなど、時にはTと手分けしてチェックを進める。

開店30分前にはレジ台周辺にある不織布の包み袋が大中小と適量あるか、つり銭は十分かなど机回りを整える。カードリーダーが正常に機能するかも毎朝チェックする。

背の高いTが軒先のひさしの下に英国旗を吊るし、古書を並べ始める10時過ぎには、宅配業者さんよりお菓子や資材が納品される。よろず屋の営業開始時間は11時。梱包を解いて値札を貼ったり、並べたりと手際よくやらなければ開店時間に間に合わない。15分前、10分前と互いに声をかけ合う。

こんな小さな店なのに、はたから見たらさぞ滑稽だろう。

開店前に欠かせないのが早い昼食。営業中は飲食できないため、近所のお米屋さんが握るおにぎりを買ってくる。本日のお知らせをツイートするのもこの頃だ。完売した商品の再入荷情報や、きれいな写真が撮れたら、それをツイートする。たくさん「いいね！」が集まり、リツイートしてもらえると、今日の力が湧いてくる。

とりわけ吉祥寺界隈に店を出す、店主さんらのフォローはありがたい。商いの先輩に支えてもらっているようで、とても心強いし、見えない連帯感を感じたりする。「フォローバック」は忘れないし、買い物や飲食で立ち寄るなど、自分も近しいお店を応援したいと思う。

そうこうするうち開店時間。

2か月に一度の店だから、初日を目指して来られるお客さんは多い。試着室に案内したり、商品を包んだり、時には著書にサインをしたり。

実際のところ、店主はTが担っている。そう思っていないお客さんも多いが、私は店長の役割を務めながらも店員として立ち働く方が性に合っている。

以前、ジャーナリストの故・竹村健一さんと対談した折、スキーの大好きな竹村さんは若い人の旅費を丸抱えして、彼らと一緒に旅行するとおっしゃった。

「私の周りを囲むように滑ってもらうんです。怪我もせず安心だし、彼らは安く旅ができてギブ&テイクですよ」

竹村さん流、年を重ねても、したいことを続けるアイデアだと心に残った。Tやお手伝いに来てくれる人を厚遇はできないけれど、確かにしたいことを支えてくれる人がいれば、心から店の仕事を楽しめる。

店に立つと、お客さんが途切れない間は不思議と疲れない。けれど逆に誰も来ない時間が30分も続くと、待ちの状態にヘトヘトになる。インスタフォロワーが数千人クラスの人気店でも、誰も来ない日はざらにあるそうだが、私には耐え難き苦行である。最近ではこんなパターンにも慣れて、空き時間ができるとお隣のビーガンマフィン店をのぞき、おやつ休憩をとる。店主さんが焼くマフィンは、行列ができるほど美味しく、営業期間はささやかな楽しみとなった。「頑張って」とグーのポーズで見送ってくれるありがたいお隣さんだ。

西日が差し込む夕方、波が引くと、決まってTが腰を下ろしてパソコンを開く。開けたら最後、たいてい彼の顔色が変わる。「注文した雑誌の追加が届かない」「ブログ掲載のワンピース、在庫ありますか」「写真データが開けません」など、書店さん、お客さん、印刷所さんからの連絡が束になって届いている。出版業との掛け持ちの宿命だ。

それに返信したり、電話をかけたりするうちに、店の第2部。買い物帰り、仕事帰りのお客さんの来店が始まる。

夕刻に店に来る方は、何とか間に合うようにと、都心から電車を乗り継ぎ来られる方もいる。朝から店に間に合うよう飛ばして仕事を片付けて来店されたのだ。まぁ、お茶でも一杯と言いたくなる。

余談だが、金物屋をやっていた祖父は、お得意さんが店に来ると、酒で歓待したという。レジの下に隠しておいた一升瓶の日本酒を、湯呑み茶碗になみなみ注いで、「まぁ、一杯飲まんですか」と、店の小机を挟んでお喋りに興じたらしい。

昭和30年代当時、酒は最上級のもてなしだったという。真っ昼間からお客さんのいる前で取引先と酒を酌み交わす、おおらかな祖父の商人気質は、どこか自分にも刷り込まれているようだ。

私はといえば、日本酒もお茶もなく申し訳ないと思いつつ、お客さんの試着を見立てたり、胸にたまった話を伺ったりする。仕事のことや家族のことなど、聞けば身につまされたり、共感したり。わずかな時間ではあるけれど、発散してくれたら本望だ。

さて、閉店時間が近づくと、一日の売り上げ台帳をもとに、つり銭やカードの控えを集計したり、今日一日のお礼と在庫状況などを伝えるフェイスブックやツイッターの文章を作り、閉店後のために保存する。Tが旗を下ろし、琥珀色のランプを消灯すると閉店となる。

ところが、まれに閉店間際の滑り込み来店もある。よほどのことがない限り、イギリスの店のように「close!（終わりです！）」と断ることはせず、中に入ってもらう。私も、息せき切って意中の店に駆け込むことはある。何としてもあの店に行きたいという思いは、店内に入るずっと前から続いているものだ。お断りすれば、お客さんの一日はつまらないものになってしまうだろう。

こんな時のために、お客さんが帰られたらすみやかに閉店できるよう、事務作業は少しずつ進めておく。

閉店後はノートを整理して、次の日にトルソーに着せる服などを決め、編集部や倉庫から配送する本や商品について打ち合わせる。車での運搬など、全て終了するのはだいたい夜8時頃だ。お腹は空くし、ともかく座りたいと、シャッターを下ろしたら家路を急ぐ。

大好きだったセレクトショップの店長さんは「毎晩帰宅が0時過ぎる」と言った。「20時閉店なのに、もっと早く帰れないんですか」と問う私に、「店っつうのは、営業時間以外の方が忙しいんだよ」と。

在庫整理、発注、経理仕事、掃除、SNS、一人でやっているから仕事は終わらない。早朝から深夜まで、休みは週に1回……。こんな状況も店を持った今ならよく分かる。1日の営業に対して3日間の裏方仕事が付随するのが個人商店なのだ。

そんなことを含めても、店は楽しい。お客さんが来てくれること。店が開く日を楽しみにしてくれること。買って良かったと喜んでくれること。

50代、世間的には遅い出発ではあったけれど、これより早い転身は不可能だったし、今より遅ければ、気力も萎えて店に立つ楽しさを味わえなかったかもしれない。私にとっては50代がベストだったのだ。

店にいると自分が違う人になって、思いもよらぬ人生を歩んでいるようだ。

それがまた面白く、年を重ねてもやりたい仕事は無限にあり、そこに飛び込めば新しい人生が始まると思える。

本と店　仕事の違いと目指すものは

私の本を読んだというお客さんから「本と店とどっちの仕事が面白いですか」と尋ねられることがあるが比べられない。どっちも面白い。けれど、あえて言うなら仕事として結果を出しやすいのは店だと思う。

しかも私のような個人商店に限定すれば断然、店だ。

理由はいくつかある。

まず個人商店の場合、陳列も、価格付けも、結果を出すための方策は全て自分の思うままだ。メーカー希望小売り価格があっても、１万円のものを１０００円で売ることもできる。

店に入るメインの商品は1回の営業期間でせいぜい１００点余り、個人で把握できるレベルだ。

今日は雨だから、雪だからとサービスしようとか、台風被害が出たから寄付を募ろうなど、全ては店主の思い一つ。価格もやり方もいつも手中にあり、採算が合っても合わなくても誰にも文句は言われない。もちろんバカ売れすれば利益にあずかれる。

個人の商売はリスクがあり、会社員のように安定性がない。うまくいくか、潰れるかの二択と思う人も多い。だが、やり方によって、ばくち的要素はかなり排除できるし、生計を立てることもできると感じた。

コツコツ地味な作業をいとわないまじめさ。自宅の一部を使ったり、シェアキッチン、ギャラリーレンタルなどで、まずは家賃という最大の経費を省く金銭感覚。人に好かれ、信頼されようとする一途さ。これに専門知識や得意分野をドッキングさせれば、店は関心を持たれ、固定ファンもつくはずだ。

これを一般的な本の仕事に照らし合わてみよう。個人商店との大きな違いは著者の才覚だけでは仕事が成り立たない、複数の組織が絡み合うという点だ。

著者が一人でやれるのは原稿を書くところまで。表紙もタイトルも出版社の意向があるし、書店さんにいい場所に並べてもらうためには、売れ筋のタイトルや装丁に似せるなど、時に不本意なこともある。

個人商店のように、何でもかんでも自分が決めることはできないのだ。

逆に言えば、売り上げがいまいちでも原稿を渡せば印税も入るし、売り上げの責任を負わされることもない。

とはいえ、お金が入ればそれでいいと思う著者は少ない気がする。私自身、本の作りにこれはちょっと、と物申したことがあった。この装丁では外すと思い、自分で描いたイラストをバイク便で担当編集者に送った。結果的に私の案が採用され、その本は30回近く増刷され事なきを得たが、あれで売れなかったらと考えると恐ろしい。

私自身が編集の現場にいることから、原稿を渡した後もタイトル、デザイン、装丁などの意見を編集者に求められたり、原稿とセットでデザインまで依頼していただくことも多かった。なので、著者だけど限りなく個人商店的な仕事に近かったかもしれない。

難しいのは売れ筋の見定めだ。作品の出来と売り上げは必ずしも比例しない。取材を重ねて精魂込めて書いた本が思ったほど売れないこともあれば、慌てて出した本が驚くほど売れることもある。

どっちにしても、表紙が良かった（悪かった）、タイトルが良かった（悪かった）など、明確な理由は著者には分からない。

本はいったん出版すれば、全国津々浦々の書店やネットに流通し、宇宙の彼方に飛んで行く感じだ（または書店さんに届いた段ボールに押し込められたままか）。本の末路を店のようにリアルに確認することはできない。よって原稿を書いても仕事の全体は見えづらいし、個人商店のように結果を引き出す手ごたえは感じにくい。

一方、個人商店は対面販売だから、どんなお客さんが、どこを気に入って買ってくれたのか、自分の中にデータが蓄積できる。服や雑貨も100％売れる見極めはできない。大切なのは何としても自分が欲しいかどうか、それだけだ。

「このワンピース、売れなかったら全部私が買い上げる。おばあちゃんになるまで洗い替えで着続けるから」

時々仕入れに難色を示すTに啖呵を切ることもあるが、そういうものはたいてい完売する。

商品の場合、自分が買わないものは売れない可能性大で、仕入れない。それだけだ。

すべての仕事を業種でなく、この「個人商店」vs「組織」に分類すると、よりわかりやすいと思う。

つまり、どんな業種であっても一人で全てをやるとなれば、リスクを背負う代わりに、自分で決める気構えも身につく。他人が見たら大丈夫だろうか、と思うことでも踏み込める。勝負に出られる。それが他人が真似のできない仕事をつくる。

こんな仕事を私は店に求めた。

20年以上前のことだが、両親と共にロンドン東部のショーディッチマーケットに行った。

当時このエリアは今ほどトレンディではなく、移民の多い下町のマーケットという体《てい》だった。安い食品や下着、文房具が山積みになって売られ、大箱のチョコレートやビスケットも500円程度。私たちは興奮してばらまき用お土産の食品をアレコレ買い求めた。

その一角に古着を売っている女性の屋台があり、大きく開いた襟元に美しいレースの付いた白いナイトドレスがあった。ヴィクトリア朝のものらしく一目で気に入った。その時、横にいた父が文句を言い出した。履いてきた靴が合わず足が痛いという。私はこれまでの経験から、父がホテルで脱ぎ捨てるであろうその靴と、あのナイトドレスを交換してもらおうと考えた。

その女性はロンドン郊外からやってきたアンティークショップのオーナーのようで、客が購入に迷うと簡単に値引く。自分の店のやり方なのか、細かいことを気にせず、数で勝負と、右から左へと臨機応変に売り続けるタイプの人だった。うまくいくかもしれない。

思い切って父の靴を見せて交換を頼んだところ、その女性はあっさりナイトドレスを渡してくれた。ギョッとする父をよそに、女性はすぐさまその古い靴を店頭に陳列した。

すると、通りがかったインド人青年がそれを見て20ポンド（約4000円）で即決、父の靴を買っていった。

女性は目を見開く父に向かって「Good Luck!」と親指を立てて笑った。

あっぱれだった。私はこれなんだよ、と手を叩いた。

よろず屋で即行の物々交換はできないけれど、私がやりたかったのはこんなことだった。

一瞬の人や物との出会い。それがどんなへんてこな状況であっても、これはいけるとひらめいたら即、行動する。それが仕事につながる。

店を大きくしたいわけでも、お金が欲しいわけでもなく、従業員を養うためでもない。自分で好きなように店をやってみたかった。これまでとは違う方法をたくさん試したかった。

今や60代になったのだ。世間的な良し悪しより、データに基づいた売り上げ予測より、これからは自分の物差しで、もっと面白がって仕事をしていきたい。

そこに結果がついてきたらなおラッキーなことだ。

念願のクリスマスマーケット

クリスマスマーケットをぜひやりたいと思っていた。店を持つ前までは11月、12月はどこのギャラリーも空きはなく、あきらめていたからだ。

だが、今ではその心配もなくなった。もうすぐ12月、クリスマスがやってくる。1年目のクリスマスは商品を揃えるのが精一杯だった。2年目こそイギリスのクリスマスマーケットを再現しようと、11月に刊行する英国情報誌まで勢い余ってクリスマス特集を組んだ。

30代からは毎年12月になると取材を兼ねてイギリスを訪れた。そんな私にとって、英国各地で開催されるクリスマスマーケットは、イギリスを愛する大きな理由の一つだった。

凍える冬の夜、エディンバラで開かれる国内最大のクリスマスマーケットは何度訪れても圧巻だ。エディンバラの玄関口、ウェイヴァリー駅近くの広場にはたくさんの屋台が並び、冬の風物詩、移動式遊園地もやってくる。クリスマスマーケットはドイツ発祥とあって、ジャーマンソーセージ入りホットドッグをはじめ、フルーツを漬け込んだ温かなモルドワイン、手作り感たっぷりのチョコレート、クラフト作家たちによるポプリ、ニット小物やジュエリーなど、通路はクリスマスプレゼントを求める観光客や地元の人たちでごった返す。

この時期、イギリス津々浦々の町の広場にもクリスマスマーケットが出現する。普段は駐車場として使われるマーケットスクエアは、古《いにしえ》よりローカルプロデュースの肉、野菜、日用品を販売する場所だ。

クリスマスを前に小さな広場に立ち並ぶ屋台には、ここでしか買えない、道の駅的な地元産の食料品やユニークなクラフトが並ぶ。クリスマスショッピングに駆け込む人たちのために、夕方5時を過ぎても活況で、きらめく電飾を眺めながらの買い物は、誰かに祝福されているような気分にもなる。

オーナメントがきらめく商店街に目を移せば、ブッチャー（肉屋）から本屋までがクリスマスツリーを出し、金銀のモールで店内の壁や天井を飾る。

本物のモミの木のある店では、入った瞬間、新鮮な葉の匂いが漂い、思いっ切り深呼吸。「Smell brings back memories」と、匂いによって過去の記憶がフラッシュバックしてくる。

「この匂いで懐かしさ、家族の思い出が引き出され、商品も売れるのです」

ヨークシャーの小さな町でおもちゃ店を営むご主人に聞いた話は、忘れられないヒントになった。

洗練とは程遠い学芸会のような装飾と、深い香りの記憶がクリスマスであり、私にとってイギリスの原点。これをよろず屋で再現したいと渇望した。

逡巡して2年目はクリスマスマーケットの目玉に、チャリティという言葉を加えてみた。「クリスマスマーケット&チャリティ」だ。温かく、ちょっぴりセンチメンタルな響きに、これだと思った。

クリスマスシーズンのイギリスでは、チャリティ活動が活発になるのが常だ。サルベーションアーミー（救世軍）や各チャリティ団体が募金箱を持ち、街角で演奏するなど寄付を募る。

「Christmas is giving」――「クリスマスは分かち合う時」という慈愛の精神を柱にすることは、実にイギリス的ではないか。昔懐かしいクリスマスマーケットと、救世軍が奏でる讃美歌、分かち合いのスピリットを形にするにはどうすればいいか。

店では通年チャリティを行っているが、クリスマス版はもっと特別なものにしたい。そこで知人のつてで出会った地元吉祥寺のニッターさんに、売り上げの一部を寄付する旨を話し、アームウォーマーの製作を依頼し、販売しようと考えた。編み物が大好きという二人の女性は、見本の毛糸を見て、面白そうと引き受けてくれた。

さっそくヨークシャーの工場からイギリスのカシミアと同等、高品質のブルーフェイスドレスター種の毛糸をたんまり取り寄せ、まずは紙袋4つ分をお渡しした。

ニッターさんらは、その柔らかな手触りに歓声を上げた。現地の熟練工が早朝出社して3時半までに一気に染色するという、20色以上の美しい毛糸玉をあれこれ組み合わせている。

「家事や仕事の合間に編むから、間に合うかしら」と言いつつも一つ、また一つと編み上がり、夏が過ぎ、秋も深まる頃にはほぼ完成した。

筒形で親指部分のみ穴を開けたシンプルなアームウォーマーは、折り紙を貼り付けたような一目ゴム編みのねじり編み、ツートンカラー、全体にケーブルが入ったアラン編み、鳥の翼、花模様を入れた北欧調の柄ものと、デザイン、色とも盛りだくさん。よりふっくらさせるため、全てに仕上げアイロンまでかけて下さった。カフェで渡された時にはその見事な出来映えに、ニッターさんらが神様に見えた。

材料代、工賃で苦しかったが、チャリティだ。3000円台からの価格を付けて販売することにした。

寄付金の送り先も、炊き出しで路上生活者を支える山谷のまりや食堂さんをはじめ、小さな団体に絞った。

クリスマスに欠かせないものの筆頭、クリスマスプディングも用意した。

本格的にイギリスに通い始めた20代の頃は、ローストターキーの後に出されるブランデーソースがけの濃厚なプディングは、一口食べるのが精一杯だった。ところが、年と共にこのハイカロリーなデザートが美味しくなり、クリスマスプディングがないとクリスマスではないと思うまでになった。

「何としても仕入れた方がいいですよ」とTにもせっつかれ、1939年にひいおばあちゃんのレシピ帳にならってベーキングを始めた創業者A．J．コール氏のメソッドが生きるクラシックな英国製プラムプディングを探し出した。成熟した柑橘フルーツの皮とプルーン、黒砂糖、香りづけのウイスキーが入った伝統的なプディングだ。

ユニオンジャックのパッケージもインパクトがあり、人を引きつける。

「ただ、百貨店の英国展で争奪戦なんです。今なら確保できるかなぁ」と輸入元さんがボソッとつぶやき、その言葉に即決でドンと注文した。

店作りも前年より時間をかけた。実用的な贈り物の、カラフルなルームソックスや靴下は窓辺にディスプレイ。湖水地方で羊毛を紡ぐ農場のモヘアソックスなど、イギリスの工房で作られた色鮮やかな靴下は、編み上がったアームウォーマーと呼応して店に温かみを添えてくれた。

また、イギリスでは家庭でも商店でも、もらったクリスマスカードをしまい込まず開いてロープにかけたり、リビングに飾る。クリスマスカードも販売せねばと、サンタクロースや冬景色が印刷された、イギリス仕込みのカードをテーブル一面に並べた。配達に来られた業者さんはカードを見るなり、「うわーっ、このカード夢がありますね。家内が喜びそうだ」とおっしゃった。

こんな何気ない言葉を聞くと、うまくいきそうと心がはずむ。

店内の装飾はイギリスの店にならい、金銀のモールを天井から吊るし、本棚、ドア周辺などもきらびやかにした。ディスカウント店で購入したクリスマスツリーは、外からガラス越しに見えるよう設置。華美にならないよう、電飾ライトのみ点灯させた。

肝心のクリスマスの香りについては、本物のモミの木を調達できず、自分でアロマオイルを調合してみた。ところが、イギリスから届いたニット類やウインターポプり、スパイシーなクリスマスティーを陳列するうち、記憶の断片にこびりついた匂い、sense of smellが蘇《よみがえ》ってきた。

「イギリスのクリスマスの匂いがする」と、店に遊びに来た娘が鼻をくんくん鳴らす。もしかしたら、商品と一緒に香りまでが海を越えてきたのだろうか。

イギリスで毎年聴いた『Do They Know it's Christmas?』(Band Aid)が流れると、香りと音が混じり合い、得も言われぬ気持ちになった。

イメージが形になった。これでよしとブログで告知を出した。すると、問い合わせが相次ぎ、その反応は前年以上で、慌てて日程を延長し、お菓子なども追加発注した。

初日は大勢の人が来て下さり、道行く人までが「クリスマスマーケット&チャリティ開催中」と書いた黒板を見て、何だろうと入店し、アームウォーマーを買われていく。様子を見に来てくれたニッターさんたちとやりましたね、プロジェクト成功ですと、喜びを分かち合った。

売れるだろうかと心配したクリスマスプディングも、食べてみたいという人が後を絶たず、2日目にはなくなった。

会場には日本のメンズファッションをけん引するファッションディレクターの赤峰幸生さんもお見えになった。

アームウォーマーやクロッカベック農場のモヘアソックスを手に「こういうものはいいですね。大量生産品に消費者が飽きているから」というような話をされた。朝日新聞の連載を読んでいたお客さんは即座に握手を求め、お会いできたことがクリスマスプレゼントだと喜んでいらっしゃった。

近くから来たというおばあちゃんは、若い頃に行った冬のロンドンが忘れられないのだと言った。

向こうのクリスマスはシナモンだかのいい匂いがした。この店は同じ匂いがするね、と、クリスマスカードを眺めたり、お客さん同士の話を聞いて過ごした後、帰る頃に羊毛靴下を一つ買っていった。

翌日、今度は旦那さんを連れて見え、二人でお孫さんに贈る靴下を選び始めた。クリスマスマーケットの期間中、何度も店に来られたおばあちゃんは、最終日に「明日からここ閉まっちゃうの」と、名残惜しそうに店をのぞき、帰っていった。

その後、おばあちゃんと会うことはなかったけれど、クリスマスソングを聞きながら英国の本を眺めたり、靴下を選ぶ姿が忘れられず、私のクリスマスマーケットへのこだわりと、おばあちゃんの存在が不思議にシンクロした。

チャリティの任を負ったアームウォーマーは連日売れ続けた。イギリス人はクリスマスギフトにクラフトマンの作品を買い、彼らを応援すると聞く。

何か月も編み続けてくれたニッターさんたちの夢は、いつか教室を開くこと。またとない機会だったと喜んでもらい、翌年のクリスマスには靴下を編んでくれた。おこがましいが、この企画で少しでもニッターさんの夢を後押しできたのなら本望だ。

店の隅々までイギリスの文化が染み渡った7日間は、吉祥寺に12月のイギリスがごっそり越してきたようで、まったく新しい時間が店で動き出した。

天井から垂れ下がった金銀のモールを片付けるのは、お正月明けでいい。その方が私にとっても最良な一日を、長く留めておけるような気がしたからだ。

現役時代の経験がこれからの自分を後押しする

店を始めて以来、一年間のスケジュールは、情報誌の締め切り（年間6回）と店の開店期間（年間13回前後）を軸に決めている。2月～3月にかけては確定申告や会社の決算サポートの集中月間。講演会、イベント、執筆はこの合間に入れるといった具合だ。

2016年1月にプレオープンした店も6年目に入った。日々の仕事で感じたことを記しておきたい。

5年経って改めて、店を始めたことは私の人生で奇跡的な出来事だったと思う。店を始めてから書く本にも、必ずどこかでよろず屋が登場する。「聞いて、聞いて」のノリで書かずにいられなかったのだ。

世の中には好きが高じてカフェ、雑貨店、生花店、書店、など、自分の店を持つ人などごまんといる。もとは別な仕事に就いていて、開業資金をためて……と、どの店にも貴重な物語がつまっているはずだ。

私にとっても店はこの上なく新鮮な日々を運んでくれた。ずっと自分は出版という世界でやっていくんだろうなと思っていたし、そこには慣れっこ感覚もあった。そんな日常を店は突き破ってくれたのだ。

とはいえ、いまだにお客さんとの精神的な線引きについては課題も残る。来店された方と何度かお話をさせていただくと、親しみもわく。密かに再会を楽しみにしているし、商いを超えたつながりができたような気にもなる。

だから、何らかの事情でお客さんが離れる淋しさには、いまだに馴染めない。

そんなことも含めて、5年間は戸惑うこともあったけれど、未知なる刺激や新しい出会いが、はるかにそれを上回った。

そして、しっぽには（私ばかりかおそらくTも）出版をやっている誇りもちゃんと残っていた。店に来るお客さんが、著書や英国情報誌を買ってくれると、心のどこかでほっとする。

実際、読者さんとの遭遇率は半分以上。偶然立ち寄られた方が雑誌を見て、読んでますと盛り上がることもけっこうあった。

嬉しい反面、店という新たなフィールドに漕ぎ出しつつも、出版人としてのこれまでを超えられない歯がゆさを感じることもある。その度、40年続けた仕事と5年の店を比べる方がおかしいのだ、と言い訳がましく結論づけた。


仕事を小さくしたとはいえ、これはと思うテーマを見つけたら雑誌であれ、本であれ、つい取り組んでしまうのも相変わらずだ。

根っからの仕事好きというわけではない。書きたいと思ったら机に向かう習性が抜けきれないのだ。

英国情報誌ではつき動かされるように「SWINGING CITY LONDON 1960年代ロンドン庶民の輝ける日々」の特集記事を書いた。ビートルズの誕生やスウィンギングロンドンの影響、解散後のジョージ・ハリスンなど英国の若者の文化大革命についてだ。

斜陽のロンドン、サッチャー政権下にロンドンに滞在し、貧しさと闘っていた私にとって、懐かしさが蘇ると共に、当時理解できなかったド派手、サイケデリックな服の背景がよく分かった。

その校正刷りを見ながら、店で英国のヴィンテージファッションを展示したらどうかと思いついた。ロンドンの取材先に協力を仰いで、「ビバ」や「ローラ アシュレイ」の初期の作品を展示したら、お客さんも読者さんもきっと興味をもってくれるのではないか。

これまでの客層（年配の女性中心）にマッチするか心配だったが、どうにか珍しいヴィンテージワンピースを集めることができ、展示したことで若い世代の方々にも店を知ってもらうことができた。


振り返ってみれば、小商いは新参者の私だが、19歳から飛び込んだ編集や著述業はもう40年以上となる。一つの仕事を長く続けていれば、はたからはよく分からない深い部分も理解できるし、その基本は店の仕事にも応用できる。

なぜ売れるのか、売れないのか。求められる企画は何か。どんな人がそれを望むのかなど、百発百中とはいかないが、何となく想像できるようになる。

今後、ティールームをやっても、不動産屋を始めても、出版で培われたキャリアが身を助け、好きなことを仕事に変える力になるに違いない。無理矢理資格を取らなくても、どんな人にもそういう意味での実績はあるし、応用力もきっとあると思う。

きっと仕事は丸い輪っかのようにつながっているのだ。人と人をつなぐだけでなく、過去の自分と現在の自分、そしてこれからの自分をつないでくれるのが、仕事で得た深い部分に違いない。

それはおばあちゃんになっても、病気になっても、親しい人をなくしても、きっと生涯、自分を支えてくれるはずだ。

そう考えると、長かった現役時代に得たものは何と深く、豊かなものだったのかと思う。

何があっても強いのは小さな店

人生は何が起きるか分からない。

店を持って4年目の1月、中国武漢のロックダウン、そして横浜港に停泊するクルーズ船「ダイヤモンド・プリンセス」の集団感染が連日報じられ、私たちの日常は一変した。

恒例の「冬の小さな英国展」は、忍び寄る感染への不安を誰もが口にした。だが、今にして思えばそれは序の口だった。

3月の「オールドマンズテーラーストール展」の頃には、オリンピックも延期となった。「今までのやり方だけでは店が持たないかもしれない」とTが訴えてきた。

そこで、5周年特別企画展の一部を前倒ししてラトビアのカゴバッグなど目玉商品を破格で売ったり、ブログに取り上げた商品を5000円以上購入で送料無料にするなど、手当たり次第、思いつくことをやってみた。

日本、いや世界中でマスクや消毒用アルコールは消え、緊急事態宣言によって「連休の小さな英国展」は中止となった。かき入れ時の連休に店を開けられない。イギリス行きも中止と、長い闘いが始まった。

私はこの時までずっと、自分が不可抗力で死ぬのは、地震しかないと思ってきた。東京に住み、働く限りそれは避けられないと。しかし、上には上があった。ヨーロッパ人の3分の1が命を落とした疫病、中世のペストのようなパンデミックが、自分が生きている間に起きるなど、思ってもみなかった。

2020年のゴールデンウィークは全国的に緊急事態宣言が発令され、例年なら観光客が入り交じる吉祥寺通りは、百貨店や駅ビルや、店という店がシャッターを下ろし、それはまるで魂の抜けた廃墟のように見えた。

ひっそりした吉祥寺を歩きながら、店がなければ人は集わない、一つひとつの店があって町は生きていると、つくづく思い知らされた。

こうなると、Tの言う通り、店の営業も働き方も、何もかもを改めて見直さなければいけなかった。

私よりずっと長く店を続ける地元の店主さんたちも、顔を合わせると不定期の吹けば飛ぶような小さな店の私に、「おたくはどうするんですか」と真顔で尋ねてこられた。誰もが未曽有の事態に動揺を隠しきれないのだ。

ぼんやりしていたら、春に販売するはずだった夏物も時機を逃して在庫となる。いつ店を再開すべきか。

ニュースにかじりつき、感染が収まる時期を予想する。

Tだけでなく、新社長、家族など、店は大丈夫かと心配する人は多かった。だが、私自身はどこかで乗り切れると思っていた。

理由は2つあった。

まず、私はコロナを誰よりも恐れていた。感染しても入院できない、薬もない、重症化すれば誰にも会えないまま死に至る。こんな疫病が蔓延しているのだ。店を閉めて売り上げが下がっても「死ぬよりマシ」ではないか。不安になると「死ぬ」と「店の存続」を天秤にかけて、生きていればなんでもできると、不安のスパイラルを断ち切った。

どうにかなると思った2つ目の理由は、もともとの規模が小さいことにあった。立ち上げた時から経費は最小限。何があってもいいように店以外にも卸し、イベント参加などいくつかの収入源を作っておいた。「売り上げが減った分、今年は短期セールや新作発表会を織り込んで、コツコツ穴を埋めよう」と、作り直した年間スケジュールをTにも見せた。

小さいから小回りも利き、売り上げが落ちても補塡しやすい。

都内で雑貨店を営む知人一家はお客さんが減少し、このままでは貯金が底を尽きると店を畳み、東京都下の団地に住み替え、妻のパート収入と通信販売で危機的状況を脱した。

「若い頃は店舗拡大も考えたけど、風呂敷を広げていたらこうはいかなかった。暮らしも仕事も小さい方がいい」と、彼は言った。

当分イギリス行きも難しいだろうと、ロックダウンが続く現地のクリエイターたちと連絡を取り合って、新しいデザインのワンピースを何とか形にしようと決めたのもこの頃だ。

イギリスの60年代。働く女性たちが着ていた小さな開襟ワンピースはノスタルジックなデザインで、コートドレスに次ぐ期待の星だった。ロンドンのデザイナーMさんも、せっせと自宅での作業を進めてくれた。ネットで発表したところ、お客さんから予約が入り始め、何とかやっていけると思えた。

こうなってみて思うことは、利益より安定を求めて頂上から飛び降り、会社を縮小した決断は正しかったということ。あのまま社長として拡大路線を目指し走っていたなら、出版業も危なかった。きっと店は開けなかったし、店どころか私の人生もどうなっていたか分からない。

皮肉なことだが、コロナに直面したことで「小さい」ことの大きな価値に気が付いた。

コロナ禍でもへこたれない

2020年5月。今できることは、第一回目の緊急事態宣言が解除されるであろう6月に向けて準備を進めることだ。

連休中の「ステイホーム」期間は、Tに手伝ってもらい店のカーテンやフロアマット、テーブルクロスを全て洗ったり、クリーニングに出し、これまで手の回らなかった店の大掃除を決行。パリッと洗い上がったカーテンを吊っただけで、店はすがすがしく生まれ変わり、リフレッシュできた。

掃除以上に取り組むべき除菌と換気もどうにかしなければならない。

お客さんの手指消毒に欠かせないアルコールをどうするか。郷里の長崎に住む両親に頼んでも見つからず、困り果てていたところ、地元カフェの店主さんが近くに販売会社があると教えて下さり、何とかアルコールに代わる次亜塩素酸水の消毒液を数本手に入れることができた。

最大の案件、店の換気問題は風の道を作ることでクリアした。

店の奥のはめ殺しのように開かなかった分厚いガラス窓をTがこじ開けたことで、

大きなすき間ができ、入口から吹き込んだ風がピューッと音をたて、外に向かって流れていった。空気清浄機という手もあったが、すでに会社で実行してきた風の道を作る窓開けに勝るものはないと思っていたから、ともかくホッとした。

東京の自粛が解除されるのは6月だ。再開にあたって、何を販売すべきか考えた。長い自粛生活のせいでテイクアウトのお菓子はどこも飛ぶように売れていた。そこで私たちもオーツ麦、バター、ゴールデンシロップを混ぜて焼き上げた英国伝統のお菓子「フラップ・ジャック」を、静岡在住のお菓子研究家さんに依頼。英国のジンジャービスケットやショートブレッド、英国の紅茶と共に需要の高まる「自宅でティータイム」の流れに乗った。

また、自粛が始まったせいか、編集部には過去に出版したバックナンバーなど本や雑誌の注文も増えていた。

そうか、家時間は読書だったかと、イギリスで仕入れた写真集や英国関連の古書を入口テラスに何段にもわたって並べ、ブックフェアもやりますと宣伝した。

家で読書を楽しみ、美味しい英国の紅茶とお菓子でくつろぐ。渡英をあきらめたお客さんたちが求めるものは、イギリス旅行の追体験に違いない。

肝心の服は売れるだろうかと、地元の店を回ると、オーナー自らが服を作る工房では、自粛疲れとストレスからお客さんがなだれ込み、生産が追い付かないほど売れていた。確かに旅行や食事に行けない分、お金は余り、いつもよりちょっといい服を買いたい気持ちはよく分かる。

ここは勝負と、ヴィンテージやイギリス人デザイナーのワンピースなど、気分転換にぴったりな明るい柄物を増やした。しかもコロナ禍だから、洗濯のできる天然素材のものに絞って。

おっかなびっくりの店開きは、ＰＣＲ検査を受けて臨んだ。

こんな時に来てくれるだろうか。開店準備をしながらも、気が気ではなかった。だが、ふたを開けてみればそんな心配も杞憂に終わった。

「やっと出てきたわよ」と、お客さんたちは新学期を迎えた学生のように晴れ晴れした表情だ。数か月ぶりに外出したという人も多く、店に来ることがちょっとした冒険だと言った。

しかも、心配していた「密」状態は奇跡的に回避できた。お客さんたちが申し合わせたようにほぼ一組ずつ、入店されたのだ。外で待ってもらうとか、予約制にしたとかではない。途切れることなく、重なることなく、一組ずつ……それは閉店まで続いた。偶然とはいえ、この理想的な状況をつくってくれたお客さんたちには頭の下がる思いだった。

8日間の営業は無事に終わった。

「売り上げはいつもの半分取れれば上出来だとしよう」と腹をくくって臨んだが、集計してみればこれまで以上の結果となった。

こんなことがあるのだろうか。

もしかしたら、コロナで店が苦戦しているかもと、買い支えて下さった方もいたかもしれない。

このご恩返しをしたいと、一か月後には店で人気のブランド（価格も高い）の服を詰め込んだ夏の福袋を1万円で販売した。大盤振る舞い過ぎて損益分岐点はぶっ飛んでしまったが、どうしても感謝の気持ちを伝えたかったのだ。

その後、2021年2月の「冬の小さな英国展」は、感染者が再び急増、お客さん、スタッフの感染回避を優先して、2年連続で開催を中止した。

こうなったらやるしかないと、通販サイトを立ち上げ、初の「オンラインによる英国展」に踏み切った。

準備期間は半月ほどしかない。ネット通販など右も左も分からず、血の気が引く思いだったが、編集部員の一人が幸いにもネットショップが作れる「BASE」を知っていた。

実物と同じ色味を出すための商品撮影、そして服のサイズを明記するための採寸は、思った以上に時間がかかり、結局、画面製作に1か月もかかってしまった。

後で通販をやっている地元の店主さんから「ちゃんとやろうとすれば、通販は作業が多くて大変なんですよ」と聞かされた。確かに、これなら店を開けた方がどれほど楽だったかと何度も思った。

しかも告知ミスにより、オンラインは夜中の11時スタートというトホホの有様。最後は休み返上で福袋を詰めた。

開始日の夜はトラブルが起きた時のためにと、店にTと詰めて祈る思いでパソコンを見ていたが、11時開始と同時に福袋に次々と注文が入り、あっという間に売り切れてしまった。

「うわぁ、本当になくなっていく」私たちは固唾をのんで画面を見ていた。

購入してくれた人の中には懐かしいお客さんの名前もあり、激励のメッセージまで送ってくれた。どうされてるのだろうと時々思い出していたから、名前を見ると懐かしさがこみ上げた。

よろず屋を忘れずにいてくれたんだ。

その一つずつを追うだけで胸がいっぱいになり、その夜はなかなか寝付けなかった。

この本を書いている今も、コロナが終息する気配はまだ見えないが、それでも店はこうして続いている。私は小商いを満喫しながら、これまでと変わらず、今日と明日を精一杯走っている。

義務とか責任の時代は終わったのだ。今はただ、好きなように生きてみたい。

年34日営業の小さな店は誰の真似でもない、これも試行錯誤を経て作り出した、貴重な人生の一コマなのだから。

あとがき

19歳から出版界で働き、本を書き、小売りは素人。服と買い物が大好きな私は5年越しの準備の末、50代で店を作ってしまった。冒頭に書いた子どもの頃に夢中になった「しおや」への憧憬や商家の出身ということもあり、DNAが騒いだのかもしれない。

商店街を歩くたび、商いを長年続ける店にはどんなドラマがあるのだろうかと想像した。経営者として出版社を30年引っ張ってきた自負もあったが、経営と商いは似てるようで違う。それは社長と店主の役割が微妙に違うことにも関係するようだ。日々の糧を体を張って町から得ていく店主さんは、農夫さん、漁師さんにも匹敵するたくましさがある。

そんな町の息吹を感じつつ、店に向かう。勝手知ったる路地を横切り、早朝から開いているドトールに立ち寄り、一杯のコーヒーでひと休み。1時間、満員電車を乗り継ぐ通勤が、歩いて15分に変わったことは、店を持ったことと同じくらい画期的なことだった。

これで地震が来ても大丈夫。歩いて帰れるし、吉祥寺周辺には、家族や友人もいる。長年気がかりだったことが、生活圏で働くことによってクリアになった。

吉祥寺には大好きなスポットもたくさんあるから、閉店後は日の暮れた商店街の古本屋をのぞき、奮発してリンツのチョコレートドリンクを飲む。それだけで週末の風が吹いてくる。

そして、穏やかな気持ちになれる。

キラキラ日が差し込む店には、娘が子どもを連れて訪ねてくる。お散歩カーに乗せられた、ひよこのような子ども達も身を乗り出し、ウインドウを眺めながら通り過ぎる。お世話になっている店やサロンのお客さんなど、地元よしみの方々も立ち寄って下さる。

「今日からやってたのね」

「美容院に行くついでがあって寄ったのよ」

など、明るい声が飛び交う。

その一つひとつは、これまでの人生になかったもの。毎日が新鮮過ぎて自分の感覚が追い付かないほどだ。

短い営業時間を除けば、店の広さは31㎡と小さく、ツイッターのフォロワー数も1000人少々。よろず屋はイギリスの服や雑貨も扱っているが、基本的にはどこの商店街にもあるような個人商店だ。

英国で見つけたものを喜んでくれたり、ここに来ることでストレスが発散できるとおっしゃるお客さんと接していると、BBCドラマ『クランフォード』の世界を思い出す。

作家エリザベス・ギャスケルの名作『女だけの町』が原作のこのドラマは、イングランド北西部の小さな町クランフォードが舞台。19世紀半ば、産業革命と近代化の波に押され、変わりゆく街の様子や、時代の変化に戸惑いながらも誇り高く生きる人々を生き生きと描いた秀作だ。

このドラマにもドレスから食品まで何でも販売する商店（ヴィクトリア時代の小さな百貨店）が登場する。そこは地域社交とゴシップの中心で、世間話を楽しみつつ最先端のドレスを仕立てたり、町の催しに湧き返る住民たちのたまり場のよう。

時代も規模も設定も違うけれど、昔も今も、店はやっぱり人の喜怒哀楽を共有する場なのかもしれない。

よろず屋でも時折お客さん同士が服を見立て合い、イギリスの話に花を咲かせる。Tを真ん中にくり広げられる賑々しい時間は、クランフォードであり、吉祥寺であり、イギリスの断片のようでもある。


店を出すまではもっと違う理由で吉祥寺にこだわっていた。人も多いし、家からも近いし、「小さな英国展」のお馴染みさんもついている。

それは間違いではなかったが、売り上げ予測に基づいたメリットを差し引いても、よろず屋は吉祥寺でなければ成り立たなかった。

人気No.1の町、横浜でも恵比寿でも無理だったし、仮に2号店を中央線沿線の国立や高円寺に作れと言われてもできなかっただろう。

よろず屋は、私がくぐり抜けてきたたくさんの世界が混ざり合ってできたのだ。店というより、「居場所」という呼び方がしっくりくる。もしかしたら、お客さんにとっても現れては消える、楽しみな立ち寄り処になったのかもしれない。

こういう居場所が身近にある暮らしを、きっと私は求めていたのだ。

とはいえ、心の片隅では時折「終わる時」を想像する自分もいる。

店舗は通常3年ごとの契約更新がある。3年、6年、9年と3の倍数で店じまい、または移転するのは、更新料の支払いを機に運営を見直すからと聞く。私もシミュレーションをして、いつまで店を続けるのか考えようとするが、すぐ断ち切れる。

これからは多分そういうことではないのだ。会社を立ち上げた時、縮小した時は生活するため、従業員を守るため、計画を練らずにはいられなかった。

けれど店は、自分の気持ち一つで始めたのだ。流れに身を任せて続けたいと思うまでやればいい。店も含めてこれからは行けるところまで行ってみたい。

店を始める前と現在では、吉祥寺の町も大きく変わった。

かつては順番待ちでも借りることが困難だった東急裏一帯も撤退する大型店が増え、テナント募集の看板が増えている。

もともと吉祥寺は中央線沿線でも家賃が高いことで知られていたが、コロナを機に、思い切って廃業する人も少なくないと聞いた。

30年以上続く大好きなレストランがなくなった時は、余りのショックに何度もその店を見に行った。両親の誕生会など幸せな思い出の店は、次世代に継承されながら、永遠にあるものと思い込んでいた。

だが、店の命は有限だった。店主の思い、経営事情などから大半の店がいつかは無くなってしまうのだ。店を始めていなければ、「ああ残念」で終わったのかもしれない。

慣れ親しんだ店を支えることは、自分の幸せを守ることだと思うようになった。お菓子、生鮮食品、本などは、コンビニや大手チェーンでなく、極力個人店で求めるよう心がけている。コロナ騒動が終わった時に、これまでと同じ風景の中で暮らしたいからだ。

そして今思うことは、どんな環境でも、何歳《いくつ》になっても、自分の意志で人生の構図はきっと変えられるということだ。慣れ親しんだ生活を変えることに躊躇はあるけれど、本当にやりたいことはずっと心にくすぶっているものだ。

もしかしたら、打ち消そうと思っても、繰り返し頭をもたげるだろう。

自分の店を持つこと。

憧れの町に住むこと。

家を建て直すこと、引っ越すこと。

海外に住むこと。

本業を辞めて、のんびり働くこと。


氷点下のアラスカで暮らす人の「生活の質は、自由な時間の量と楽しみ方だ」という言葉に、今更ながら頷いていている。時間というギフトは、誰の上にも等分に与えられている。最後の瞬間まで決してムダにしたくはない。

これからの60代は、両親のこと、実家問題など、個人的にもやるべきことが山積みになっている。

そんな現実と折り合いをつけながらも、小商いを楽しみ、私らしく生きていきたいと思っている。

本書は私の本や「英国生活ミスター・パートナー」の読者の方。そして店を支えて下さるお客さんのことを思い浮かべつつ書きました。心からの感謝を。

また、「小さな英国展」から始まった店の歩みを、ずっと応援して下さった集英社学芸編集部編集長の山本智恵子さんには、今回も大変お世話になりました。

この本のいくつかが、読んで下さった方の次のステップに踏み出す参考になれば、嬉しい限りです。ありがとうございました。

吉祥寺にて　井形慶子

井形慶子（いがた・けいこ）
1959年長崎県生まれ。作家。28歳で出版社を立ち上げ、英国情報誌「英国生活ミスター・パートナー」を発刊。100回を超える渡英後、ロンドンにも住まいを持つ。『古くて豊かなイギリスの家　便利で貧しい日本の家』『ロンドン生活はじめ！　50歳からの家づくりと仕事』『イギリス流　輝く年の重ね方』『いつか一人になるための家の持ち方　住まい方』など著書多数。
公式ホームページ：
http://www.mrpartner.co.jp/
ブログ「よろず屋Everyman Everymanから」：
http://keikoigata12.blog.fc2.com/

撮影協力／（株）ミスター・パートナー　沼畑直樹
ブックデザイン／原田恵都子（Harada＋Harada）

年《ねん》34日《さんじゅうよっか》だけの洋品店《ようひんてん》
大好《だいす》きな町《まち》で私《わたし》らしく働《はたら》く

2021年8月31日　第1刷発行
2021年9月30日　第2刷発行

著　者　井形慶子《いがたけいこ》
発行者　樋口尚也
発行所　株式会社 集英社
〒101-8050 東京都千代田区一ツ橋2-5-10
編集部 03-3230-6141
読者係 03-3230-6080
販売部 03-3230-6393（書店専用）
印刷所　凸版印刷株式会社
製本所　加藤製本株式会社

集英社学芸編集部公式ウエブサイト
http://gakugei.shueisha.co.jp
集英社学芸編集部公式Twitter
https://twitter.com/shueishagakugei(@Shueishagakugei)
集英社学芸編集部公式Facebookページ
https://www.facebook.com/shueisha.gakugei

ISBN978-4-08-781703-4　C0095